Ulrike Dietmann

Reise in die innere Wildnis

Urkraft für den Alltag

spiritbooks

Das Werk, einschließlich aller seiner Teile, ist urheberrechtlich geschützt. Jede Verwertung ist ohne Zustimmung des Verlages und des Autors unzulässig. Dies gilt insbesondere für Vervielfältigungen, Übersetzungen, Mikroverfilmungen und die Einspeicherung und Verarbeitung in elektronischen Systemen.

© 2015 spiritbooks, 70173 Stuttgart
Verlag: spiritbooks, www.spiritbooks.de
Autorin: Ulrike Dietmann
Coverbild: goccedicolore.it/Shutterstock.com
Coverdesign: Corinna Witte-Pflanz, www.ooografik.de
Farbige Grafiken: Andrea Danti/Shutterstock.com
Buchsatz und Drucklayout: PCS Schmid, www.pcs-schmid.de
Druck und Verlagsdienstleister: www.tredition.de
Printed in Germany
ISBN: 978-3-944587-09-7

Die Identität der in den Fallbeschreibungen dargestellten Personen wurde insoweit verändert, dass ihr Persönlichkeitsrecht gewahrt bleibt.

INHALTSVERZEICHNIS

Was dieses Buch von dir will 7

Schritt Eins: Wer bin ich? 10

Schritt Zwei: Der innere Ruf 39

Schritt Drei: Die Wunde 58

Schritt Vier: Das Ziel 77

Schritt Fünf: Die Verbindung 92

Schritt Sechs: Das Herz der Kreatur 118

Schritt Sieben: Die Zerreißprobe 143

Schritt Acht: Scheitern 158

Schritt Neun: Verwandlung 176

Schritt Zehn: Der Schatz 198

Schritt Elf: Der weite Blick 222

Übersicht 236

Literaturliste 237

Danksagung 239

"Du wirst alles bekommen, was du brauchst,
du musst nur kommen und es uns sagen."

Cernunnos, Waldgott, und sein Begleiter, der Hirsch

"Wenn wir aufhören finden zu wollen und suchen zu müssen kann ein Sein stattfinden, wo das Leben selbst die heilende Transformation ist."

Natalie Frey

Vorwort

Was dieses Buch von dir will

Wir leben in einer falschen Wirklichkeit und dafür bezahlen wir einen hohen Preis. Dieses Buch möchte dich einladen in eine Wirklichkeit, die in dir ist, seit Jahrmillionen, seit es die Spezies Mensch gibt, seit es Leben auf diesem Planeten gibt und noch länger zurück. Es lädt dich ein, dich daran zu erinnern, wer du bist und was dir inneren Frieden, ureigene Kraft und Erfüllung bringt.

Und es möchte dich erinnern an die Liebe in ihrer reinen Form. Du musst hier nichts suchen, nichts trainieren, sondern nur in die Freude eintreten, die schon da ist. Du musst nur deine Augen öffnen und sehen. Du musst nichts erfinden, produzieren, erschaffen, sondern annehmen, empfangen, loslassen und aufheben, was am Wegesrand liegt und auf dich wartet.

Du musst dich nicht verändern, aber du wirst Teil werden der Verwandlung, die um dich herum und in dir geschieht, auch ohne, dass es dir bewusst ist. Du wirst dir darüber bewusst werden und daran teilhaben und es wird dich glücklich machen. Sehr sogar.

Du wirst lernen zu sehen.
Und du wirst lernen zu sein.

All diese Fähigkeiten sind in uns Erdenwesen angelegt, ob wir Ameisen sind, Panzernashörner oder Homo sapiens. Sie sind unsere natürliche Intelligenz, sie dienen unserem Überleben und unserer Glückseligkeit.

In diesem Buch geht es darum, Erfahrungen zu machen. Es geht darum, das in uns zu finden, was Ameisen, Panzernashörner und Menschen nie vergessen haben. Es geht darum, uns zu erinnern an das Paradies. Nichts anderes suchen und bewohnen Poeten, Heilige, Heldinnen und Helden und alle anderen lebenden Wesen seit Urzeiten. Dies ist der Ort, an dem wir zu Hause sind.

Das Buch nimmt dich mit auf eine Reise an diesen Ort.

Vorwort

Ich werde dir Fragen stellen. Ich werde dir Aufgaben stellen. Denn es ist deine Reise – und den Ort, den es zu finden gilt, kennst nur du allein. Und nur du kennst den Weg.

Es ist eine Abenteuerreise, in der du Ungeheuern, Wegelagerern, gefangenen Prinzen und Prinzessinnen begegnen wirst – und dir selbst. Eines kann ich dir jetzt schon versichern: Die Reise wird ein gutes Ende haben. Du wirst die Freude finden, und du wirst am Ende eine andere, ein anderer sein.

Es ist eine Reise voller Gefühle, voller Verwandlungen, eine Reise in deine Traumzeit, wo Fantasie und Wirklichkeit sich begegnen. Wo du ein Königreich in deinem Innern findest und wo deine äußere Welt sich in ein Königreich verwandelt.

Unsere Lehrmeisterin auf dieser Reise ist die Natur und ihre uralte Weisheit. Um die Weisheit der Natur zu finden, musst du nicht in einer einsamen Hütte im Wald leben. Die Natur ist in dir und um dich herum, auch wenn du in der Wildnis einer Großstadt lebst.

Du kannst dich führen lassen von mir oder dir selbst deine Pfade durch das Dickicht und die Steppe suchen. Folge deiner Glückseligkeit.

Gute Reise wünscht dir,
Ulrike

Schritt Eins: Wer bin ich?

WER BIN ICH?

Schritt Eins: Wer bin ich?

Ich bin vierzig Jahre meines Lebens im großen Teich mit geschwommen, ich habe mich an die Spielregeln gehalten: Es war okay, aber da waren Fragen, die gingen nicht weg und da waren Ereignisse, die auch nicht weggingen.

Immer wieder dasselbe gebrochene Herz. Immer wieder dasselbe Scheitern. Warum?

Eines der unzweifelhaften Merkmale, dass du den Fluss des Lebens verlassen hast und als Schlingpflanze an einem Ast im Gebirgsbach hängst, ist die Wiederholung. Dieselben Situationen, nur andere Figuren, dieselben Dialogzeilen, nur ein anderes Thema, dasselbe Gefühl, fremd zu sein in der Welt.

Mir zum Beispiel fiel auf, dass ich in immer neuen Varianten daran scheiterte, Agenten, Lektoren, Produzenten, Intendanten und Redakteure vom besonderen Wert meiner Bücher, Theaterstücke und Drehbücher zu überzeugen. Werke, die ich mit echtem Herzblut, unter Schweiß und Tränen geschrieben hatte.

Ich hatte mich gerade mit dramatischem Getöse von dem einen Geschäftspartner getrennt und trat einen Begrüßungsbesuch bei dem nächsten an, mit dem selbstverständlich alles besser werden würde. Kurz bevor ich meine Hand auf die Klinke der Bürotür legte, entdeckte ich auf der gegenüberliegenden Seite des Eingangs das Firmenlogo meines Ex-Partners. Eine Niederlassung seiner Firma in einer anderen Stadt. Wenn ich damals schon die Fähigkeit besessen hätte, das Leben zu lesen, wie es Jäger und Fährtenleser tun, hätte ich begriffen, was das Leben mir sagen wollte: Du bist eine Tür weiter gekommen, und genau genommen nirgendwohin.

Schritt Eins: Wer bin ich?

Es dauerte noch einmal drei Jahre, bis das Leben mir genügend Torten ins Gesicht geworfen hatte, bis ich weinte und unter Tränen begriff: Du wiederholst immer den gleichen Quark. Hör auf Schuldige zu suchen. Schau in den Spiegel.

Die Sprache der Natur – Wir können sie lernen, heute und jetzt.

Die Natur spricht eine leise Sprache, zu leise, um von uns zivilisierten Grobklötzen verstanden zu werden. Mit Grobklötzen meine ich nicht nur mich, sondern, soweit ich das als Europäerin des 21. Jahrhunderts überblicken kann, fast die ganze verdammte Spezies Mensch. Es soll in Sibirien eine Gruppe 1000 Jahre alter transformierter Wesen geben, die nehme ich aus. Abgesehen davon, führe ich zu meiner und der Entschuldigung aller an: Ich bin / Wir sind Teil eines kollektiven Phänomens: Die Zivilisation hat uns betäubt.

Den lieben langen Tag tun wir nichts anderes, als unsere reine Seele mit Lärm zu beballern und mit Illusionen zu hypnotisieren. Wir machen uns zu bedürftigen, abhängigen, wehrlosen Objekten. Sobald wir morgens aufwachen, stricken wir an unseren eigenen niederschmetternden Wirklichkeiten. Wir haben die Sprache des Lebens, des Überlebens, des Wachsens, des Überfließens, der Glückseligkeit vergessen und eine Menge Mist gelernt.

Wir beherrschen die Spielregeln des Untergangs. Wir haben nicht gelernt, was der Wind, die zitternden Blätter, der Nebel und das Schweifschlagen der Pferde uns lehren können. Wir haben nicht gelernt, was unsere Vorfahren über eine Million Jahre lang gelernt haben, sobald sie den ersten Fuß in die Welt streckten und was sie nicht aufhörten zu lernen, bis sie den letzten Blick in den Himmel warfen. Aber wir können es lernen. Heute und jetzt. Ich habe es gelernt und du kannst es lernen. Das habe ich mir mit diesem Buch zur Aufgabe gemacht.

Spurenleser werden

Ich habe es hauptsächlich von Pferden gelernt, aber letztlich ist es egal, ob du es von einer Küchenfliege, einem Löwen, einem Gebirgssturm oder deinem eigenen Körper lernst: Es ist immer die gleiche Sprache, die gleiche befreiende Weisheit. Fang nicht das Untergangsspiel an, zu glauben, jemand hätte bessere Lehrer als du. Dein bester Lehrer ist das Leben selbst.

Es beginnt mit einem feinen Hinsehen, einem noch feineren Hinhören und einem noch feineren Hinfühlen. Mein Leben begann sich grundsätzlich zu ändern, als ich genau damit begann: die Spuren zu lesen, die Zeichen zu sehen, mit der Kraft zu reiten.

Auf diesen Weg nehme ich dich mit in diesem Buch. Es war und ist mein Weg, genauso wie es deiner sein wird, wenn auch in einer ganz anderen Form. Mein Weg ist eigen und dein Weg wird eigen sein, hoffentlich. Es gibt keine zwei Wege, die sich gleichen. Allein diese Weisheit befreit uns von all den Versuchen, uns gleichmachen zu wollen, es anderen nachmachen zu wollen oder den Versuchen, so gut oder schlecht wie ein anderer zu sein.

Auch wenn jeder seinen eigenen Weg geht, habe ich doch in den vielen Workshops und Trainings, in denen ich Menschen auf ihren Reisen begleitet habe, so viel von der Gesetzmäßigkeit der Reise gelernt, dass ich mit einiger Gelassenheit sagen kann: Ich kenne den Weg. Ich kann dich begleiten auf deiner Reise, wie auch immer sie aussehen mag.

Wer bist du?

Mit dieser Frage beginnt alles.

Eine Frage, die ich mir nie wirklich gestellt hatte. Ich war ein Mensch mit einer Körpergröße, einer Bekleidungsgröße, einem Intelligenzquotienten, ich wusste, wie lange ich brauchte, um ein

Jogurt auszulöffeln, ich hatte mir meine Lieblingsrollen im Drehbuch des Lebens ausgesucht: Mutter, Geliebte, Autorin, spirituelle Lehrerin, Freundin, Pferdebesitzerin. Aber was war meine Essenz? Hätte ich die Frage früher gestellt, hätte ich mir viele Wiederholungen ersparen können.

Freibeuterin der Meere

Ich hätte zum Beispiel erkannt, dass mein Hunger nach Freiheit und Selbstbestimmung so groß ist, dass niemand mir sagen darf, was ich tun soll, darf oder muss oder nicht tun soll, darf, muss. Ich muss mit jedem Atemzug selbst bestimmen können, wo sich meine Gedanken oder Füße hinbewegen. Wenn nicht, werde ich verstockt, manipulativ und unausstehlich. Ich breche notorisch aus Gefängnissen aus. Wobei die Frage, was und wer ein Gefängnis ist, allein von mir bestimmt wird. Nicht selten bin ich selbst das Gefängnis. Anpassung hat bei mir eine kurze Verfallszeit. Jetzt, wo ich es weiß und danach handle, erlebe ich keine Wiederholungen mehr, sondern stets neue Abenteuer, wie es sich für eine echte Piratin gehört.

Die Frage „Wer bin ich?" ist eine grundlegende Frage, die weitreichende Folgen hat. Leider wird sie selten gestellt, was noch weitreichendere Folgen hat.

Hätte ich mich deutlicher gefragt, wer ich bin, hätte ich auch bemerkt, dass in mir ein gnadenloser Henker am Werk ist, ein hohes Gericht, ein innerer Kritiker, ein alles zerfleischender Zweifler, ein Nörgler und Miesmacher, ein Buchhalter, der alle meine Untaten auflistet und keine Entschuldigungen akzeptiert. Ich muss bisweilen unausstehlich sein für andere – und es ist mir nicht einmal bewusst. Ich merke es erst, wenn sie mir die Haare ausreißen.

Wir sind schon mitten im Wespennest des Blickes in den eigenen Spiegel gelandet. Dieselben Eigenschaften habe ich festgestellt, die unsere besondere Begabung ausmachen, sind auch die Klippen, hinter denen der Abgrund lauert. Ich bin eine Künstlerin – eine Schriftstellerin, eine Pferdefrau und als solche muss ich vollkommen selbstbestimmt, wild und unabhängig sein. Immer auf der Flucht vor jenen, die mich einsperren wollen. Ich bin eine Schriftstellerin und ich brauche Selbstkritik, Buchhaltergeist, Präzision des Wortes, nur zuweilen gehen sie mit mir durch und ich zerstöre das, was ich besonders gut machen wollte. Eine andere Fähigkeit, um noch ein Beispiel zu nennen, ist Einfühlungsvermögen. Auch diese Fähigkeit brauche ich in hohem Maße, um mich in Figuren aus Büchern und in Menschen, die ich begleite, und in Pferde hineinversetzen zu können. Auch sie kann mir zum Verhängnis werden: Ich vergesse mich selbst und bin jemand anderes. Ich verliere meine Grenzen, und das ist für keinen der Beteiligten schön. Dies alles gilt für mich. Für dich gelten ganz andere Eigenschaften und Bedürfnisse.

Hier beginnt deine Reise, deine erste Aufgabe auf dem Weg des Helden, der Heldin. Denn das ist dein Weg: Herausforderungen zu meistern und den Dämonen ins Auge zu blicken, um deine Kraft zu finden.

Deine Aufgabe

Notiere spontan und ohne lange zu überlegen, drei Eigenschaften, die dich zum Scheitern bringen, mit denen du immer wieder bei deinen Mitmenschen aneckst.

_____

_____

_____

_____

Und jetzt notiere drei Eigenschaften, auf die du stolz bist. Die dich besonders auszeichnen, die dich erfolgreich sein lassen.

_____

_____

_____

_____

Ja, ich weiß, das mit dem Stolz ist schwierig für uns, denn wir sind ja bescheiden, wir wollen nicht auffallen und keinesfalls als Angeber gelten. Aber hast du dir schon einmal deinen Hund oder den deines Nachbarn angeschaut, wenn er auf dem Höhepunkt seines Erfolgs ist, oder ein Pferd, dem der Wind in die Mähne bläst? Sie sind stolz. Weil Stolz, im Gegensatz zu narzisstischer Selbstbefriedigung, der Ausdruck unserer Kraft und Schönheit ist.

Stärken und Schwächen

Wenn wir uns nach unseren Stärken fragen, werden die Schwächen gleich mitgeliefert. Oft fallen sie uns schneller ein als unsere Stärken. Sie scheinen offensichtlicher zu sein und sie führen zu den vermaledeiten Wiederholungen. Daran ist nichts Verwerfliches. Selbstkritik in der richtigen Dosis ist eine untergehende Tugend, die dringend wiederbelebt werden muss. Auf dem Weg der Naturweisheit geht es darum, Schwächen und Stärken als Spiel von Energie wahrzunehmen. Es geht darum, uns so sein zu lassen, wie wir sind, in unseren Stärken und unseren Schwächen und uns zu wandeln, wenn die Kraft uns dazu einlädt. Wandlung ist das Gesetz, das ich auf meinem Weg aus den Wiederholungen heraus, nicht nur in mir selbst, sondern in der Natur und in allem Lebendigen, wiedergefunden habe.

Was mir fehlte, war Licht- und Schattenseiten als zwei Seiten desselben Mondes zu erkennen, zu erkennen, dass wir uns immer zwischen diesen Polen bewegen. Dass wir weder den Schatten noch das Licht ganz auslöschen können. Aber wir können lernen, elegant zwischen den Polen und mit den beiden zu segeln. Wir können lernen, das Leben als Tanz zu feiern. Wir können lernen, durch den Sturm hindurchzugehen und zu staunen, wie das Leben mit uns tanzt.

Wenn das Leben nicht mit uns tanzt, stecken wir in Wiederholungen fest. Darum geht es in der nächsten Aufgabe.

Deine Aufgabe

Lass deinen inneren Scheinwerfer schweifen: In welchen Situationen befällt dich lähmende Langeweile, weicht alle Lebenskraft aus dir? In welchen Situationen weißt du schon vorher genau, was passieren wird und es frustriert dich? Wann hörst du dich selbst vorhersehbaren Text sagen, wann weißt du Minuten vorher, was der andere antworten wird? Wann hoffst du zum tau-

sendsten Male, dass die Geschichte anders ausgehen wird, obwohl du weißt, dass es nicht so sein wird?
Welche Beziehungen, Situationen oder Verhaltensweisen wiederholen sich in deinem Leben, ohne dass sich dadurch etwas bewegt? Notiere drei Beispiele:

_____

_____

_____

_____

_____

In der Natur wiederholt sich nichts. „Man kann nicht zweimal in denselben Fluss steigen," sagt der griechische Philosoph Heraklit. Wenn wir Kraft gewinnen wollen, müssen wir aufhören, Automaten zu sein und anfangen, in den Fluss des Lebens zu steigen.

Deine Aufgabe

Bitte gehe noch einmal zu den drei Wiederholungen, die du eben gefunden hast und begib dich ein Stück tiefer in die Erfahrung hinein. Wie fühlt es sich an, wieder an diesem Punkt angekommen zu sein, wo du trotz aller Anstrengungen nicht weiter kommst? Wieder abgelehnt, wieder schwach geworden, wieder nachgegeben, wieder mitgemacht, wieder hingenommen, wieder abgeschaltet. Beschreibe das Gefühl, das du bei diesen Wiederholungen hast, in drei Zeilen. Wenn drei Zeilen nicht genügen, nimm ein Extrablatt. Fühlst du dich ohnmächtig, wütend, hast du

Schritt Eins: Wer bin ich?

Angst? Denkst du: ich werde es nie können, ich bin zu dumm, zu ungebildet ... oder: Wenn ich etwas ändere, werde ich alles verlieren, Ärger bekommen, es bereuen ...

_____

_____

_____

_____

_____

Glückwunsch! Schon hast du großen Mut bewiesen und dich unangenehmen Gefühlen gestellt. Schon bist du der Wildnis in dir ein Stück näher gerückt. Du hast etwas Unangenehmes gefühlt – und hast überlebt. Ich mache mich nicht lustig über dich. Ich weiß nur von mir selbst und von den vielen Menschen, die ich begleitet habe, dass echtes Fühlen schwerer ist als einen Ozean in einer Nussschale zu überqueren. Falls du jetzt meinst, dass du in der letzten Übung zu vorsichtig warst, gehe noch einmal zurück und fühle ...

Wenn ich den Fernseher anmache, sehe ich Menschen, die Bewundernswertes vollbringen, Rekorde gewinnen, Heuschrecken verschlingen, in Seidenroben über rote Teppiche schweben. Leistungen über alle Maßen. Gewinnt auch jemand eine Medaille für seine Fähigkeit, echte Angst, echten Zorn, echte Traurigkeit auszuhalten? Für den Mut zu fühlen? Das lernen wir in der Schule nicht. Das Fühlen sollten wir als Erstes lernen, um das Schiff unseres Lebens gut zu steuern, nicht erst, wenn unsere Seele krank geworden ist oder unsere Welt anfängt auseinanderzufallen.

In der Natur fühlt alles, von der kleinsten Amöbe bis zum Tyrannosaurus Rex. Das Fühlen ist der Grund, warum unser Planet so einzigartige und einzigartig zusammenlebende Wesen hervorgebracht hat und das Nicht-Fühlen ist der Grund, warum die Spezies Mensch ihn so einzigartig ruiniert.

Den naturwissenschaftlichen Hintergrund für diese romantisch wirkende These findest du wunderbar dargestellt in dem Buch von Andreas Weber: „Alles fühlt". Wenn wir aufhören zu fühlen, verlieren wir unsere Lebenskraft. Wir ergehen uns in Wiederholungen und Routinen, um nicht fühlen zu müssen. In unseren Routinen rufen wir verzweifelt nach Kraft und Energie, während wir gleichzeitig den Hahn zudrehen, durch den neue Kraft zu uns kommen könnte.

Deshalb möchte ich dich gleich zur nächsten Aufgabe einladen. In der Natur fließt das Gefühl frei. Es fließt, weil alles stets ausgerichtet ist auf den nächsten unbekannten Augenblick. Weil das Fließen uns den größtmöglichen Handlungsspielraum öffnet. Das Nicht-Fließen, die Blockade, hält den Augenblick auf, lässt ihn nicht zu und verlängert die Ödnis und Leblosigkeit, die unser Leben endlos in die Länge zieht, ohne dass sich bewegt.

Wie kann ich Lebendigkeit in mein Leben holen? Wie muss ich handeln, um mich wohlzufühlen? Um inspiriert zu sein? Wo fühlt es sich gut an? Wo nicht? Wo bin habe ich Energie? Wo zieht es mir alle Kraft ab? Fühlen ist eine körperliche Angelegenheit. Unser Körper ist biologisch schneller als unser Kopf. Unser Verstand kann nicht fühlen. Er kann Gefühl nur zur Kenntnis nehmen.

Schritt Eins: Wer bin ich?

Deine Aufgabe

Nenne drei Beispiele, in denen du etwas Neues ausprobiert hast, wo du etwas Ungewöhnliches getan hast, wo du aus einer Routine ausgebrochen bist.

_____

_____

_____

Und gleich die nächste Aufgabe:

Wie hat es sich angefühlt? Beschreibe in drei Zeilen das Gefühl, das du hattest, als du an etwas Inspirierendes, Ungewöhnliches, Neues gedacht hast. Erinnere dich, wie du dich gefühlt hast, als du diese ungewöhnlichen Dinge getan hast. Auch wenn es etwas Kleines war, wie die Zähne mit der linken Hand bürsten. Warst du überrascht von dir selbst, von der Reaktion der anderen? Hast du gestaunt über das Ergebnis? Warst du beflügelt, hat eins das andere ergeben? Hast du dich selbst übertroffen? Warst du irritiert, verblüfft, ungläubig? Hast du neue Kraft gespürt? Hattest du Lust zu tanzen, oder hast du dich erschrocken? Hast du anderen davon erzählt? Wie war es für dich?

_____

_____

_____

Schritt Eins: Wer bin ich?

Gut! Vielen Dank! Schon hast du die erste Wandlung erlebt. Du hast dich zuerst in ein Gefühl der Ohnmacht begeben (frustrierende Wiederholungen), dann in ein Gefühl der Inspiration (etwas Neues ausprobieren). Du hast erlebt, dass du dich einem unangenehmen Gefühl aussetzen kannst und kurz danach ein angenehmes Gefühl haben kannst. Vielleicht bist du ein wenig enttäuscht, dass du nicht genügend gefühlt hast, dass du (wie immer, Wiederholung) alles mehr mit dem Verstand bewältigt hast. Trotzdem gut: Es fiel dir auf.

Viele Menschen haben eine tiefe innere Überzeugung, dass sie, wenn sie sich auf die unangenehmen Gefühle in ihrem Innern einlassen von feuerspeienden Monstern verschlungen werden. Wenn sie auch nur eine Träne zulassen, sie nie wieder aufhören werden zu weinen.

Du hast gerade erlebt, dass das für dich nicht zutrifft. Es sei denn, du hättest das gern. Gefühlsbaden kann ja auch Spaß machen. In jedem Fall hast du eine der Grundübungen absolviert, die das Überleben unseres Planeten sichern: Gefühlsprozesse. Du bist der Wildnis in dir ein Stück näher gekommen. Ich bin kein Heizdeckenverkäufer, aber ich habe eine noch bessere Botschaft für dich: Wenn es dir einmal gelungen ist, kann es dir immer wieder gelingen. Fühlen und ein Gefühl verwandeln. Das ist eine wesentliche Kunst der Natur in dir. Jedes Tier wird mit dieser Überlebenskunst geboren –und jeder Mensch. Ein einfacher Vorgang. Wie alle Vorgänge in der Natur. So einfach, dass wir manchmal einfach vergessen, wie einfach.

Ich danke dir, dass du mir bis hierhin gefolgt bist. Das war sehr gut. Ein guter Anfang. Ein sehr guter Anfang.

Wer bin ich?

Jedes Wesen ist einzigartig und unverwechselbar. In dieser Einzigartigkeit liegt seine Kraft. Wenn wir uns daran erinnern, wer wir sind, was unsere einzigartige Kraft und Essenz ist, kennen wir die Antworten und dann wissen wir auch, was wir zu tun haben. Es geht nur um diese eine Frage: Bin ich ICH oder nicht? In diesem Augenblick?

Das Ich, das hier gemeint ist, ist das Ich der Unterfläche im Vergleich zum Ich der Oberfläche. Um unsere Essenz zu fühlen, müssen wir ein wenig hinter den Vorhang schauen, müssen unsere Aufmerksamkeit zurückziehen von den vielen Details, in denen wir uns verloren haben. Fühlst du dich? Oder bist du absorbiert von dem, was um dich herum passiert?

Deine Aufgabe

Jetzt in diesem Augenblick: Wie ist deine Aufmerksamkeit verteilt? Zu wie viel Prozent ist deine Aufmerksamkeit bei dem Buch und zu wie viel Prozent bei dir?

Beim Buch _____ %
Bei mir _____ %
Wie fühlt es sich an, wenn du bei beim Buch bist?

_____

Wie fühlt es sich, wenn du bei dir bist?

_____

Sehr gut. Vielen Dank!

Unsere Essenz ist nicht Festes

Ich möchte noch ein wenig tiefer mit dir eintauchen in diese Essenz, in das Wer bin ich? Ich möchte, dass du verstehst, dass es hier nicht um eine Definition geht. Du sollst nicht definieren oder umreißen oder beschreiben, wer du bist. Die Aufgabe ist, dass du hinter die Definitionen gelangst. Dass du deine Essenz fühlst, so, wie du sie fühlen konntest, als du neugeboren auf die Welt kamst oder noch davor, als du im Mutterleib warst oder wenn das in deine Vorstellungswelt gehört, in einem früheren Leben. Du musst nicht an diese Dinge glauben, du musst an nichts glauben, sondern nur fühlen, was für dich Sinn macht. Vielleicht kannst du dich auch gut in deiner Essenz fühlen, wenn du daran denkst, wie du als kleines Mädchen oder als kleiner Junge warst. Ich zum Beispiel sehe mich im Wald sitzen bei den Tieren unter einem Baum. Da fühle ich, wer ich bin, ein ganz zauberhaftes Gefühl.

Der spirituelle Lehrer Eckart Tolle sagt: „Das Leben ist der Tänzer und du bist der Tanz." Eine geniale Weisheit, die meinen Verstand regelmäßig zum Totalausfall bringt. Unsere Essenz ist ein Tanz aus vielen Bewegungen, eine Struktur, die sich stets verändert, eine Schwingung, eine Energie. Auf alle Fälle etwas, das sich verändert und doch dasselbe bleibt.

Wie nehmen wir andere wahr?

Ein Weg zu der Wer bin ich-Frage ist die Frage: Wer ist der andere? Wie nehme ich andere wahr? Nehme ich ihre Oberfläche oder ihre Essenz wahr?

Meist, wenn wir uns übermäßig über andere ärgern, uns vor ihnen fürchten, sie anbeten oder verfluchen, sind wir nicht ganz auf der Höhe der Essenz. Meist haben wir uns dann in einem Detail aus der Persönlichkeit des anderen verhakt, das uns den Blick verstellt auf das wirkliche Wesen. Wenn wir uns von einer

Mehrzahl von Menschen umzingelt sehen, die uns alle nicht wohlgesinnt sind, sind wir wahrscheinlich in einer Vorstellung über Menschen als solches gefangen, die nicht mit ihrer Essenz zu tun haben. In der Natur sind alle Wesen wohlwollend. Alle Wesen sind darauf ausgerichtet, mit anderen in Verbindung zu treten und am gemeinsamen Wohlsein teilzuhaben. Alle Wesen sind darum bemüht, dem anderen zu dienen, der Gemeinschaft zu dienen. Menschen haben nur ein unübertroffenes Talent, die Dinge hochkochen zu lassen, Streit vom Zaun zu brechen und Kriege anzufangen, wo es nicht nötig wäre.

Wenn wir anderen nicht wohlgesinnt sind, sind wir wahrscheinlich uns selbst nicht besonders wohlgesinnt. Wenn du immer wieder an anderen Menschen scheiterst, ist es wohl Zeit, dich selbst ein wenig freundlicher zu sehen. Wenn es dir gelingt, andere in ihrer Essenz zu sehen, wird es dir einfacher gelingen, dich selbst in deiner strahlenden Essenz wahrzunehmen.

Deine Aufgabe

Deshalb möchte ich dich jetzt bitten, an zwei Menschen zu denken, die in deinem Leben eine wichtige Rolle spielen. Einen Menschen, der positive Gefühle bei dir weckt und einen, der unangenehme Gefühle weckt. Bitte schreibe spontan auf, was dir zu diesen Menschen einfällt.

Der angenehme Mensch:

_____

_____

Der unangenehme Mensch:

_____

_____

_____

Rufe dir jetzt den angenehmen Menschen vor Augen. Stell dir vor, er bestünde aus reinem Licht oder aus einer Schwingung oder aus einer Struktur, aus einer Farbe, einem Muster, einer Essenz.

Beschreibe sie:

_____

_____

Stell dir jetzt vor, du kannst in seinem Kern ein Symbol erkennen, ein Tier, ein Fantasiewesen oder eine Landschaft: Beschreibe sie:

_____

_____

Rufe dir jetzt den unangenehmen Menschen vor Augen. Stell dir vor, er bestünde aus reinem Licht oder aus einer Schwingung oder aus einer Struktur, aus einer Farbe, einem Muster, einer Essenz.

Schritt Eins: Wer bin ich?

Beschreibe sie:

___

Stell dir jetzt vor, du kannst in seinem Kern ein Symbol erkennen, ein Tier, ein Fantasiewesen oder eine Landschaft: Beschreibe sie:

___

Vergleiche jetzt deine spontanen Notizen der ersten Beschreibung mit der Beschreibung der Essenz. Frage dich, wie es sich anfühlt, die spontane Beschreibung und die Essenz. Welche Erfahrung hast du gemacht bezüglich der Art, wie du diese beiden Menschen wahrnimmst?

___

___

Ich gebe dir ein Beispiel:
  Lisa (spontane Beschreibung): lustig, lacht laut, hat enge Blusen an, ist ein wenig trampelig, aber liebenswert.
  Saskia (spontane Beschreibung): nervt, regt mich auf innerhalb weniger Sekunden, wirkt vorwürflich, aber vielleicht bilde ich mir das nur ein. Anderen geht es genauso, deshalb kann es nicht nur mit mir zu tun haben.
  Lisa (Licht und Schwingung): braun, erdig, tanzend, weit ausgedehnt ins Universum. Ich sehe sie tanzen, das macht mich glücklich.
  Saskia (Licht und Schwingung): Feuer, eingesperrt, könnte platzen, hat sehr viel Energie, haut mich um, aber beeindruckend.

Lisa (Tier, Symbol): Fee mit einem Zauberstab aus Walt Disney, Pumuckl

Saskia (Tier, Symbol): goldener Kelch, Flamme, einsame Landschaft

Meine Erfahrung: Lisa kann ich ganz gut in ihrem Wesen erkennen, aber Saskia war eine Überraschung. Ich hätte nicht gedacht, dass ich so interessante Dinge an ihr wahrnehmen kann. Nächstes Mal werde ich versuchen, sie anders zu sehen und ich bin gespannt, was dann passiert.

Unsere Wahrnehmung anderer bestimmt unsere Beziehungen.

Das ist natürlich nichts Neues. Die Schönheit liegt im Auge des Betrachters, das wissen wir. Wenn wir in jemanden verliebt sind, ist alles an ihm gut und schön. Wozu ich dich einladen möchte ist, den anderen in seiner Essenz zu sehen, so wie die Natur ihn sieht. Ohne Überhöhung, ohne Beschönigung, ohne jedes Urteil. Rein so wie er ist. Die letzte Übung hat dazu gedient, das Tor zu dieser reinen Wahrnehmung zu öffnen.

Reine Wahrnehmung

Wir müssen uns nicht darin üben, andere möglichst positiv zu sehen, wie das recht häufig von uns verlangt und erwartet wird. „Eigentlich ist er doch gar nicht so", „Sie meint es doch nicht so", „In Wirklichkeit ist er ein netter Kerl.": Das sind alles Aufforderungen, unsere Wahrnehmung zu negieren oder zu verbiegen, was natürlich unmöglich ist. Es geht nicht darum, unsere Wahrnehmung möglichst elastisch zu machen. Es geht darum, uns in der Reinheit unserer Wahrnehmung zu üben. Zu sehen, was ist, nicht, was sein soll.

Weder beschönigen, noch es düsterer machen als es ist. Dazu müssen wir hinter die Oberfläche schauen.

Die reine Wahrnehmung der Tiere

Seit vielen Jahren halte ich Workshops ab in der Persönlichkeitsentwicklung mit Pferden. Das Verblüffendste, das die Teilnehmer schon in der ersten Begegnung mit einem Pferd erfahren ist, dass das Pferd sie wahrnimmt, wie sie sind – und das ist oft ganz anders als sie dachten. Auch mir als Trainerin geht es häufig so, dass ich Menschen ganz anders wahrnehmen kann, wenn ich sie zusammen mit einem Pferd sehe. In der Natur, in der Begegnung mit Tieren fällt die Hülle ab. Tiere nehmen uns wahr in unserer Essenz und sie drängen darauf, dass wir uns selbst in unserer Essenz sehen. Erst dann fühlen sie sich wohl mit uns. Wir Menschen haben dieselbe Fähigkeit, andere in ihrer Essenz wahrzunehmen. Auch wir fühlen uns am wohlsten, wenn der andere sich selbst in seiner Essenz wahrnehmen kann. Dann können wir von Essenz zu Essenz kommunizieren, so wie die Natur es tut. Das klingt vielleicht nach einer hochgradig spirituellen Aufgabe, aber ist es nicht. Tiere können es, auch ohne dass sie viele Jahre meditiert und studiert haben. Und wir können es auch. Es ist unsere natürlichste Fähigkeit.

Wer bin ich in meiner Essenz?

Probiere diese Übung mit mehreren Personen aus. Gehe weg vom Urteil und frage dich nach einem Bild, einem Symbol, einer Farbe, einem Gefühl.

Nachdem du ein wenig geübt hast, andere in ihrer Essenz wahrzunehmen, richtet sich die Aufmerksamkeit jetzt auf dich.

Deine Aufgabe

Wer bist du?
Bitte schreibe spontan auf, was dir zu dir einfällt, jetzt, in diesem Augenblick. Schreibe zuerst auf, was dir einfällt über eine Stärke, die du besitzt, dann, was dir einfällt zu einer Schwäche. Vielleicht fallen dir mehrere Stärken und Schwächen ein. In diesem Fall wähle jeweils eine Stärke und eine Schwäche aus und beschreibe sie spontan.

Meine Stärke:

_____

_____

Meine Schwäche:

_____

_____

Rufe dir jetzt deine Stärke vor Augen. Stell dir dich selbst vor in deiner Stärke und nimm dich wahr als reines Licht oder als eine Schwingung oder als Struktur, Farbe, Muster, Essenz. Beschreibe, was du wahrnimmst:

_____

_____

Schritt Eins: Wer bin ich?

Stell dir jetzt vor, du kannst deine Stärke als Symbol erkennen, als ein Tier, ein Fantasiewesen oder eine Landschaft: Beschreibe sie:

_____

_____

Stell dir jetzt vor, du kannst deine Schwäche als Symbol erkennen, als ein Tier, ein Fantasiewesen oder eine Landschaft: Beschreibe sie:

_____

_____

Ziemlich viel Material, das du hier ausgegraben hast. Nur eine Frage noch: Was hat sich verändert in der Art, wie du dich selbst wahrnimmst? Hast du etwas Überraschendes entdeckt? Schreibe es auf.

_____

_____

_____

_____

_____

Schritt Eins: Wer bin ich?

Unsere persönlichen Grenzen und das grenzenlose Universum

Viel wird geredet darüber, dass wir alle unbegrenzte Möglichkeiten haben und in uns erwecken können, dass wir alle Brüder und Schwestern sind, Licht und Liebe, alle eins und Teil eines unfassbar großen Universums. Wenn wir uns in der Natur umschauen, finden wir dieses Bewusstsein: bei den Naturvölkern und bei den Tieren. Das Bewusstsein der Tiere und der Naturvölker ist jedoch auch sehr klar darin, dass jeder Einzelne von uns ein einzelnes Wesen ist mit begrenzten Möglichkeiten. Eine Giraffe passt nicht in ein Mauseloch und eine Ameise kann nicht in den Tiefen des Ozeans überleben. Unsere Aufgabe ist nicht nur, unsere Grenzenlosigkeit und Verbundenheit zu erkennen, sondern auch unsere Individualität und Begrenztheit.

Es gibt bestimmte Dinge, die wir nicht ändern können und nie ändern können werden und es ist eine große Erleichterung zu wissen, welche das sind und dass es so ist.

Als Schriftstellerin ist es meine Aufgabe, mich in eine Vielfalt von Figuren und Szenerien einzufühlen und sie so plastisch darzustellen als wären sie echt. Als Leser, Film- und Fernsehzuschauer lieben und leiden wir mit dem Terminator genauso wie mit Jack und Rose auf der Titanic – und finden uns doch am Ende des Films oder Romans in unserer gewohnten Welt in unserer gewohnten Haut wieder. Ja, wir können alles sein. Ja, wir sind nichts Festes und zugleich doch etwas genau Definiertes, das es nur einmal gibt. Ja, wir können in vieles hineinwachsen, von dem wir nichts ahnen. Und Nein, wir können nicht jemand anderer sein als wir sind. Ja, wir können uns ewig wandeln und Ja, es gibt etwas Unverkennbares in uns, eine Essenz, die unwandelbar ist. Diese Gegensätze, die sich gegenseitig ausschließen, bestimmen unsere Identität. Beides ist wahr, beides ist real.

Schritt Eins: Wer bin ich?

Unsere Identität ist nichts Festes. Sie ist vielmehr eine immerwährende Wandlung. In keinem Augenblick sind wir die oder der, die wir noch im Augenblick zuvor gewesen sind. In der schamanischen Arbeit spricht man vom leeren Knochen, einem Gefäß oder Auffangbehälter für Information, das möglichst wenig eigene Identität besitzt, welche die Reinheit der Information verfälschen könnte. Und doch ist kein Schamane, kein Heiler wie der andere. Auch das Gefäß hat eine unverwechselbare Identität. Auch der Schamane ist beides: eine ewig sich wandelnde Kraft und ein Mensch aus Fleisch und Blut mit einem bestimmten Alter, Geschlecht, Aussehen, Körper, kulturellen Hintergrund, mit eigenen Erfahrungen und einer Lebensgeschichte, die ihn oder sie geprägt hat.

Es ist natürlich sehr verführerisch, eine sich ewig wandelnde Leere zu sein. Das besonders Verführerische daran ist, dass wir dann auch all die Schmerzen und Wunden und Verletzungen mit einem energetischen Puff in Luft auflösen können und nichts von uns übrig bleibt als Licht und Liebe. Wäre das so, würden wir auch aufhören uns zu wandeln, und damit haben wir uns zu wandelnden Zombies gemacht, zu erstarrten Erleuchteten. Wow.

Zur Wandlung gehören Schmerz, Wunde und Verletzung. Erst wenn wir uns in die Identität hineinbegeben, in das ganz und gar lebendige Sein, können wir das Tor zur Leere finden, zur Glückseligkeit.

Das Ich ist ein Prozess

Selina Kamm, 42, Jahre alt, bat mich, sie bei folgender Frage zu beraten: Sie hatte von ihrem Vorgesetzten den Auftrag erhalten für ihr Unternehmen (im Bereich Unternehmensberatung) ein Marketing-Event zu organisieren und dazu einen prominenten Vortragsredner einzuladen, – einen guten Bekannten ihres Chefs. Dieser Redner würde für Publikum und professionelles Niveau sorgen. Dadurch bekämen die firmeninternen Berater eine Gelegenheit, sich zu präsentieren und Kunden zu gewinnen.

„Ich verstehe mich selbst nicht mehr", sagte Selina Kamm. „Ich habe einen solchen Widerstand gegen diese Veranstaltung, dass ich sofort nach der Ankündigung krank wurde."

„Wogegen genau haben Sie einen Widerstand?"

„Gegen den Redner – und das verstehe ich nicht. Er ist brillant und wird dem Event sicher Glanz verleihen."

„Aber?"

„Ich bin persönlich verstrickt."

„Sie haben eine Affäre mit ihm?"

„Nein". Sie lachte. „Aber die Frage trifft ins Schwarze." Sie sah mich mit erstaunt an.

„Ich habe eine Affäre oder mehr als eine Affäre mit einem unserer internen Berater ..." Sie zögerte, als wäre es ihr unangenehm. „Und ich hasse die Vorstellung, dass dieser Gockel ihm die Show stiehlt. Peter ist mindestens so gut, er ist sogar origineller und lebendiger ... der prominente Redner ist perfekt und glatt. Ja, er zieht Menschen an, ich habe ihn schon öfters gehört, aber die Zuschauer sind nicht glücklich am Ende des Vortrags, er ist zu machtbewusst, zu unpersönlich. Das ist natürlich alles Geschmackssache. Jemand anderer ..."

„Sie würden die Veranstaltung lieber für Redner wie ihren Lebensgefährten organisieren."

„Wir haben phantastische Redner unter unseren Beratern."

„Aber?"

„Weniger Publikum – und mein Chef wird es nicht goutieren."

„Und Sie werden unglücklich sein, wenn der externe Redner kommt."

Eine Pause entstand. Ich verstand, in welcher Zerreißprobe sich Selina befand.

„Wer sind Sie?", fragte ich im Bewusstsein, dass ich sie damit zunächst verwirrte.

„Wer ich bin?" Sie lachte und sah mich amüsiert an. Nach einer kleinen Pause sagte sie: „Mir fällt ein, wie ich als Mädchen Gummihupf geliebt habe. Kennen Sie das?"

„Ja, man hüpft zwischen zwei Gummis hin und her. Man braucht Konzentration und Körperkoordination."

„Ich mag es, wenn etwas ins Schwarze trifft, so wie man beim Gummihupf die Beine genau koordinieren muss oder sagen wir, ich liebe Ordnung."

„Wer sind Sie in der perfekten Ordnung?"

„Wie meinen Sie das? ... Ich präsentiere unseren Kunden eine gut aufgestellte Mannschaft, exzellente Berater, die ohne Fremdkörper von außen auskommen" sprudelte es aus ihr heraus. „Die Botschaft ist: Hier bei uns finden Sie das Beste." Sie lächelte breit. „Wow, das hört sich toll an. Davon könnte ich vielleicht sogar meinen Vorgesetzten überzeugen. Kosten würden wir auch sparen. Oder anders: Die Kosten für den externen Redner könnten wir in das Marketing investieren."

Selina Kamm bedankte sich für die Beratung. Zwei Monate später hörte ich, dass die Veranstaltung ein Erfolg gewesen war, ohne externen Redner.

Das klingt vielleicht wie eine unspektakuläre Unterhaltung, aber es gibt hier einen wesentlichen Moment der Verschiebung. Im Augenblick, wo wir Verbindung zu uns selbst finden, finden wir den Zugang zum Augenblick. Und im Augenblick finden wir die Lösung. Wir sind frei, anzunehmen, was der Augenblick zum Vorschein bringt. Wir bleiben nicht länger am Wort, am Bild, an der Oberfläche hängen, sondern wir verbinden uns mit einem Gefühl, mit einer Kraft. Mit einem Moment der Lebendigkeit, der uns in den Flow bringt. Der Flow sorgt dann schon selbst dafür, dass wir bei einer Lösung ankommen. Unsere Aufgabe ist also nicht, eine Lösung zu finden, sondern den Flow zu finden, der die Lösung bringt.

Deine Aufgabe

Führe dir einen Konflikt vor Augen, der dich im Augenblick beschäftigt. Das kann etwas sein zwischen: Was soll ich heute zum Geschäftsdinner anziehen bis zu: Soll ich nach Australien auswandern?

Was mich gerade beschäftigt:

_____

Stelle dir jetzt die Frage: Wer bin ich? Schreibe eine spontane Antwort nieder, die deine Lebensgeister weckt.

Ich bin:

_____

Welche Stärke kannst du in diesem Ich finden?

Meine Stärke:

_____

Wie kann dir diese Stärke helfen, deine aktuelle Frage zu lösen oder einen neuen Aspekt zur Lösung hinzuzufügen?

Diese Lösung, dieser Lösungsschritt fühlt sich stimmig an:

_____

_____

_____

Bitte jetzt tief ausatmen und den Vorgang abschließen. Nicht ins Grübeln kommen. Falls du ins inspirierte Handeln gekommen bist, kannst du das Buch in die Ecke werfen und loslegen. Dein Leben ist wichtiger als das Buch.

Archetypische Essenz

Wenn wir zu einer Essenz finden, in der unsere ureigene Kraft geweckt wird, findet in uns eine Verschiebung vom Persönlichen zum Überpersönlichen statt. Man kann auch sagen vom Alltagsmenschen zum Kreativen, zum Künstler, zum Poeten und spirituellen Reisenden. Wir finden Zugang zu archetypischer Energie, zu Mustern oder sogenannten Archetypen.

Der Begriff wurde vom Schweizer Psychoanalytiker C. G. Jung geprägt und bezeichnet Muster, die in unserem Bewusstsein vorhanden sind und die von uns aktiviert werden können, sozusagen die Grundausstattung unseres Bewusstseins, die uns zur Verfügung steht, ohne dass wir sie lernen oder trainieren müssen. Was auch der Grund ist, warum Menschen aus aller Welt ähnliche Geschichten, Mythen und Legenden erzählen und spontan verstehen können.

Mit dieser archetypischen Energie werden wir uns im ganzen Buch beschäftigen, denn sie ist unsere Kraftquelle, eine universelle Sprache, die nicht nur Menschen, sondern auch Tiere, Pflanzen und Steine verstehen.

Fürs Erste möchte ich mich jedoch bedanken, dass du mir bis hierher gefolgt bist und dich der Frage gestellt hast, wer du bist. Nicht um dir einen Orden oder einen neuen Titel anzuhängen, oder dir eine neue Maske aufzusetzen, sondern, um Kontakt aufzunehmen mit deiner Essenz, dort, wo alles anfängt.

Bitte gehe jetzt zum Abschluss des ersten Schrittes zur Übersicht am Ende des Buches, S.236. Wähle aus deinen Notizen im ersten Kapitel ein Wort, einen Satz aus, der dir am Markantesten erscheint, und notiere ihn auf der Liste am Ende des Buches. Das kann etwas sein wie. „Ich liebe Gummihupf" oder „mein Lieblingssong ist *I'm free* von The Who oder eine Erfahrung, die du gemacht hast zu dem Thema Wer bin ich?" wie zum Beispiel: „Ich bin eine Bewegung" – oder auch etwas anderes. Wir machen diese Notiz am Ende des Buches, um zum Schluss eine Übersicht über die ganze Reise zu bekommen.

Die Reise geht weiter

Da unser Ich nichts Festes ist, sondern eine Essenz, die sich stets neu manifestiert, begeben wir uns jetzt zum nächsten Schritt, um neue Facetten kennenzulernen und in die große Wandlung einzutreten.

Schritt Zwei: Der innere Ruf

DER INNERE RUF

Schritt Zwei: Der innere Ruf

Zwei Dinge werden uns in den nächsten beiden Schritten der Reise beschäftigen:

Wie kann ich über mich hinauswachsen? Wie kann ich mich mit einer Kraft verbinden, die größer ist als ich selbst? Wie werde ich stark und kraftvoll auf eine Weise, die ich nie geahnt hätte?

Und das andere, das unmittelbar dazu gehört: Wie kann ich dabei präsent bleiben? Wie kann ich bei mir bleiben, wenn Wunder geschehen, wenn das Leben seinen verrückten Tanz anfängt?

Erleuchtung oder Realitätsschock: Der innere Ruf kann beides sein.

Ein innerer Ruf ist eine Kraft, die unser bisheriges Selbstbild sprengt, die unseren Alltag sprengt, die eine unerwartete Dynamik in unser Leben bringt. Manchmal haben wir es uns gewünscht, schon lange gewünscht: endlich der Traummann, endlich die Traumfrau. Manchmal wird es von außen an uns herangetragen: Unser größter Konkurrent bekommt die Beförderung. Ein innerer Ruf kann ein gute oder eine schlechte Nachricht sein. Welches von beiden spielt gar keine so große Rolle. Entscheidend ist, dass er etwas in Bewegung bringt. Starke Gefühle, die Erfahrung einer plötzlichen Öffnung zu etwas Unbekanntem.

Max und die Erleuchtung

Max, 46 Jahre alt, hatte ein starkes, völlig unerwartetes Gefühl während eines Spaziergangs mit seinem Hund auf einem Weg, den er täglich ging. Er hatte einen Workshop über Tierkommunikation besucht, der ihm aber nicht viel gesagt hatte, weil er die

Vorstellung mit Tieren zu sprechen nicht in seinem herrschenden Weltbild unterbringen konnte. Der Hund lief an einen Baum mit dicker Borke, hob das Bein und erledigte sein Geschäft.

„In diesem Augenblick fing der Baum an zu leuchten. Es war als hätte der Hund mit seinem Urin ein Licht in diesem Baum angeknipst. Mein Verstand arbeitete auf Hochtouren und versuchte, dafür eine Erklärung zu finden, während meine Augen – oder eher meine inneren Augen – ganz sicher waren, dass der Baum tatsächlich leuchtete. Ein Teil von mir hatte sich immer gewünscht, einmal ein solches Erlebnis zu haben, von dem ich schon gelesen und gehört hatte. Aber jetzt fühlte es sich an wie ein innerer Zusammenbruch. Mir war als fiele meine Welt vollkommen auseinander. Es war schrecklich und zugleich unbeschreiblich schön."

Sylvia und der Einbruch

Sylvia lebte ihren Lebenstraum: ein eigenes Haus mit großem Garten, drei Kinder, eine glückliche Familie. Und sie hatte sich bei der Einrichtung ihres Hauses selbst verwirklichen können: Alle Ecken ihres Hauses zeugten von ihren kreativen Ideen. Während des Familienurlaubs verwüsteten Einbrecher das Haus und stahlen den geerbten Familienschmuck.

„Es waren ja nur materielle Dinge, aber ich stand unter Schock. Ich konnte nichts mehr essen, nicht mehr schlafen. Ich brach bei jeder Gelegenheit in Tränen aus. Das Haus, alles, was ich geschaffen hatte, war so sehr ein Teil von mir, es fühlte sich an, als wäre ich schwer verletzt worden, ja körperlich verletzt. Die Täter waren unauffindbar. Meine Wut fand keinen Kanal. Dann geschah etwas Unerwartetes. Ich merkte es erst gar nicht: Ich musste irgendein Ventil für meine Wut finden, aber ich wollte keine weitere Zerstörung, sondern etwas Positives. Ich baute ein Baumhaus für die Kinder. Ich hatte so etwas noch nie getan, ich war handwerklich nicht sehr geschickt, ich war sogar bekannt für meine Unfähigkeit, einen geraden Nagel in die Wand zu schlagen und immer darauf angewiesen, dass mir bei meinen Einrichtungsideen jemand beim Umsetzen half. Auf einmal konnte ich sägen, Holz bearbeiten, naja, nicht auf einmal, aber ich lernte es. Ich hatte die Kraft und den Willen und das Vertrauen, dass ich das lernen konnte. Ich weiß nicht, woher diese Kraft plötzlich kam, aber sie war da. Und je mehr ich ihr folgte und vertraute, desto mehr wuchs sie. Ein halbes Jahr später auf einer Familienfeier hörte ich mich tatsächlich sagen, dass dieser Einbruch das Beste war, das mir passieren konnte. Denn ich fühlte mich so ungewöhnlich stark. Ist das nicht verrückt? Aber es ist wahr."

Es ist mir wichtig, dass du dir vor Augen führst, dass ein innerer Ruf, ein Kraftzuwachs, nicht nur aus einem positiven Ereignis entstehen kann. Wenn wir an Kraft denken, stellen wir uns vor, dass wir etwas leisten müssen, also noch mehr leisten, als wir es ohnehin schon tun. Oder dass wir besonders gut drauf sein müssen, dass wir ein Erleuchtungserlebnis herbeizaubern müssen oder über Nacht unsere Lebensaufgabe entdecken. In der Natur folgt alles den Gesetzen der Energie. Auch unsere Natur folgt dem Fluss der Kraft. Wenn wir uns mit unserem inneren Ruf verbinden wollen, müssen wir uns durch all die Vorstellungen hindurchschaufeln, die uns den Blick auf unsere Kraft verstellen. Max erlebte einen spirituellen Kraftschub, den sein Verstand bisher nicht zugelassen hatte. Sylvia erlebte, dass dieselbe Kreativität, mit der sie das Haus gestaltet hatte, ihre Wut verwandeln konnte.

Der innere Ruf ist wie ein Feuer: Wir müssen es nicht ständig neu entzünden.

In meinen Workshops höre ich die Teilnehmer manchmal sagen: „Ich habe keinen inneren Ruf. Ich bin zu kraftlos. Ich kann mir nichts vorstellen."

Es kostet Kraft, sich nichts vorzustellen, sehr viel Kraft sogar.

Denn unsere Überlebenskraft versorgt uns ununterbrochen mit Input darüber, wie wir unser Leben verbessern können. All diese Informationen zurückzuhalten ist enorm anstrengend – auch wenn uns das nicht bewusst ist. Mit dem inneren Ruf ist es wie mit einem Feuer: Ein kleiner Funke genügt. Wir nähren es mit unserer Aufmerksamkeit, mit unserer Wahrnehmung und wenn wir ein großes Feuer entfachen wollen: Mit unserer Begeisterung. Es beginnt jedoch mit einem Funken. Einen Funken finden wir immer in uns. Hier ist deine erste Aufgabe auf dem Weg zum inneren Ruf.

Deine Aufgabe

Finde einen Funken in dir, jetzt in diesem Augenblick. Das kann etwas sein, das dich begeistert, freut, erstaunt, inspiriert oder auch etwas, das dich aufregt, verärgert, dir Angst macht, dich beunruhigt. Fühle die Energie dieses Funkens. Beschreibe diesen Funken, bleibe beim Schreiben immer in Verbindung mit der Energie. Wenn du dich in Details und Urteilen verlierst, gehe zurück zu der Energie.

Mein Funke:

_____

_____

_____

Eine Reise ins Leben hinein statt hinaus

Mit dem inneren Ruf beginnt unsere Reise hinaus aus unserer

gewohnten Welt. Unsere Reise zur Urkraft. Der innere Ruf ist keine Aufforderung unserem öden, frustrierenden Alltag den Rücken zuzukehren und in höhere Sphären zu entschweben. Er ist keine Aufforderung, aus dem Leben auszusteigen, uns als etwas Besseres zu fühlen oder ein für allemal die Glücksformel gefunden zu haben.

Auch wenn ich dir am Anfang versprochen habe, dass die Reise gut ausgeht, ist es keine Reise zur ewigen Glückseligkeit. Es ist auch keine Einmalreise, an deren Ende du ewig jung, für immer geheilt und immun gegen alle Widrigkeiten des Lebens sein wirst.

Die Reise ist ein Muskeltraining, um die Gewichte des Lebens leichter zu heben, ein Tanztraining, um mit dem großen Tänzer, der Tänzerin, Schritt halten zu können.

Und mehr als alles ist sie eine Aufforderung, noch tiefer ins Leben einzutauchen – in die Lebendigkeit.

Dieses Zitat von Joseph Campbell bringt es auf den Punkt:

„Menschen suchen nicht so sehr nach dem Sinn des Lebens wie nach der Erfahrung, lebendig zu sein."

Wir suchen nach der Stille, ja, vorübergehend. Wir suchen nach dem Abenteuer, nach dem Drama, der Herausforderung, dem Konflikt, der Begegnung, der Aufgabe, dem Ziel, der Dunkelheit, dem Licht, um uns lebendig zu fühlen

Deine Aufgabe

Wann hast du das letzte Mal einen Schritt ins Leben hinein gemacht, der Mut verlangt hat? Wann hast du dich selbst überwunden – und was hast du gefunden?

_____

_____

_____

Warum werde ich gerufen?

Der innere Ruf ist keine Aufgabe, die ich mir eines Tages beim Aufwachen vornehme. Der Ruf ist etwas, das von außen an mich herantritt. Mit außen ist etwas gemeint, das von außerhalb meiner bekannten Realität kommt. Es kann tatsächlich ein äußeres Ereignis sein, es kann aber auch etwas sein, das aus der Tiefe deiner Seele kommt, eben außerhalb deiner bekannten Erfahrungen. Der Ruf, sagt man, ereilt dich, wenn du dafür bereit bist. Oder anders: Der Ruf ist schon länger da, aber erst jetzt kannst du ihn hören. Es brauchte einen Auslöser oder es brauchte eine innere Standhaftigkeit, um das Gewicht des Rufes zu tragen.

Warum werde ich gerufen? Der Ruf kommt, um dich auf deinem Lebensweg den nächsten Schritt machen zu lassen. Er kommt, um dich in deine Kraft zu bringen, um dich wachsen zu lassen. Denn das ist die ureigenste Sehnsucht unserer Seele. Unserem Ruf zu folgen bringt uns Kraft, die wir zuvor nicht hatten. In den Ruf einzutreten, ist, als würden wir den Stecker in die Steckdose stecken, als hätten wir die Durchwahl zum kollektiven Geschenke-Service. Als würden wir auf dem Rücken eines großen Drachen fliegen, wie es in vielen Fantasy-Geschichten erzählt wird. Wir werden aus einem unbefriedigenden Leben geweckt, um in ein befriedigendes Leben einzutreten. Wir treten aus der Masse heraus, wir hören auf zu tun, was alle tun, was *man* von uns verlangt und fangen an, zu tun, was wir tun wollen. Wir begegnen unseren einzigartigen Gaben und machen sie uns bewusst – zum Wohl aller. Ein Mensch, der seinem Ruf folgt, ist ein Glück für seine Gemeinschaft, denn er bringt Kraft und echtes Talent, er bringt Mut und Klarheit, er kennt die Lösung für Probleme.

Alle Geschichten beginnen mit einem Ruf

Joseph Campbell, ein amerikanischer Mythenforscher des 20. Jahrhunderts, hat sich an ein einmaliges geniales Projekt gemacht: Er hat Geschichten auf aller Welt studiert und sich gefragt, worin ähneln sie sich? Was erzählen sie darüber, wie verschieden wir Menschen sind? Er hat herausgefunden, dass wir zwar nicht in den Details, aber im Kern alle ähnlich empfinden – und das schon seit Menschen Geschichten erzählen. Alle Geschichten erzählen von der gleichen Kraft, die in uns geweckt werden kann und die uns im wahrsten Sinn des Wortes übermenschliche Kräfte verleihen kann. Das ist der Grund, warum wir uns diese Geschichten immer und immer wieder erzählen, warum wir unsere tägliche Dosis Geschichte brauchen – um den Helden und die Heldin in uns zu wecken. Und dies geschieht auf einer Reise, wie wir sie jetzt gerade unternehmen. Joseph Campbell nannte sie sehr treffend die Heldenreise.

Jede Heldenreise, jede Reise zur Urkraft des Helden beginnt mit einem Ruf. Der Held, die Heldin bricht auf in eine unbekannte Welt. Ob es Rotkäppchen ist oder Psyche im griechischen Mythos von Amor und Psyche oder die Prostituierte Vivian, die in „Pretty Woman" die Welt eines reichen Geschäftsmannes entdeckt. Wir alle träumen von solchen Abenteuern und wenn sich uns die Gelegenheit bietet, folgen wir ihr, auch wenn der Ausgang ungewiss ist. Welchem von den unzähligen Abenteuern, die das Leben bereithält, wir folgen sollen, das sagt uns der innere Ruf.

Gerufen sein ist wie verliebt sein.

Die Qualität eines inneren Rufes erkennen wir daran, wie er sich anfühlt.

Wir erkennen die Qualität eines inneren Rufes auch daran, wie viel Sinn er macht. Je weniger, desto besser.

Pläne, die unser Verstand ausgeheckt hat, um mehr Geld, Sicherheit, Macht oder Erfolg zu haben, taugen nichts. Wir müssen verliebt sein in unsere Idee, unsere Vision, unseren Weg. Dann werden wir schweben. Dann erst haben wir den Mut und die Hingabe, die ungeheure Kraft und Disziplin, die Opferbereitschaft, die es verlangt, ein wahres Abenteuer zu begehen, etwas Wahrhaftiges zu vollbringen. „Folge deiner Glückseligkeit", sagt Joseph Campbell und genau das ist gemeint mit dem inneren Ruf oder dem Ruf zum Abenteuer. Nicht die äußere Form entscheidet, sondern die Energie, die Lebenskraft.

Wenn man mit Tieren zusammenarbeitet oder sie ausbildet, lernt man, dass es dieses Elixier ist, das ein Tier dazu bewegt, seine Kraft einzubringen. Ein Pferd, das viele Male größer und stärker ist als wir würde sich niemals freiwillig irgendwohin bewegen, würde es nicht Kraft und Freude empfinden. So sollten auch wir Menschen miteinander umgehen: Uns gegenseitig anstecken mit unserer Freude, nicht mit Pflicht und Erwartung, Kritik oder Erpressung.

Tiere sind nicht empfänglich für die manipulativen Strategien, mittels derer wir unsere Mitmenschen bewegen wollen, zu tun, was uns gefällt. Tiere reagieren einzig auf unsere

Klarheit und Eindeutigkeit. Alles andere verwirrt sie, macht sie aggressiv, schlägt sie in die Flucht oder langweilt sie.

Wenn wir unserem inneren Ruf folgen, werden Tiere an unserer Seite sein, auch wenn es die Stubenfliegen in unserer Küche sind. Wir strahlen dann eine Kraft und innere Stille aus, in deren Gegenwart sie sich wohlfühlen. Die Energie des inneren Rufes zieht uns in die Natur, weil wir sie dort am deutlichsten spüren. Weil uns dort dieselbe Energie entgegenkommt. Der Ruf lässt uns die Nähe von Musik, Poesie, Tanz, von Schönheit, Kraft und Geheimnis suchen, weil wir uns hier wiederfinden. Sie lässt uns die Welt mit anderen Augen sehen, sie verzaubert alles.

Der innere Ruf ist in uns und wir können ihn hören, wir können aufwachen. Er weckt uns auf in eine Wahrnehmung der Welt, die wirklicher scheint, in der Wunder möglich sind. Wir erkennen dann Zusammenhänge, rote Fäden, die das Leben auf wundersame Weise gesponnen hat, um uns an diesen Ort, zu diesem Menschen, zu diesem Buch, zu diesem Pferd, zu dieser Webseite zu bringen.

Deine Aufgabe

Nachdem du nun Einiges über die Eigenschaften des inneren Rufes erfahren hast, ist deine Fantasie vielleicht geweckt worden. Du hast dich erinnert an Situationen, in denen du solche Gefühle hattest, du hast dich oder ein bestimmtes Erlebnis wiedererkannt.

Wann hast du in deinem Leben schon einmal einen inneren Ruf verspürt? Und wie hat er sich angefühlt?

Schritt Zwei: Der innere Ruf

_____

_____

Als Nächstes möchte ich dich mit einigen Fähigkeiten bekannt machen, die du entwickeln kannst, um deine Wahrnehmung für die Energie des Rufes zu schärfen. Damit du den Ruf erkennst, ihn früher hörst, ihn nicht aus den Augen verlierst, ihm unbeirrter folgen kannst.

Lerne mit dem inneren Auge zu sehen

Tiere können es, Pflanzen können es, Amöben können es, Steine, selbst Wasser. Der japanische Wissenschaftler Dr. Masaru Emoto hat gezeigt, dass die Kristallstrukturen von Wasser unmittelbar auf emotionale Schwingungen und Bewusstsein reagieren, dass Wasser Worte, Musik und atmosphärische Eindrücke speichert. Und wir Menschen?

Selbstverständlich sind wir ebenfalls Resonanzkörper und Speicher der uns umgebenden Energien. Nur die Wahrnehmung dafür ist uns abhandengekommen. Aber unser inneres Auge kann das Sehen wieder lernen.

Außer unseren fünf Sinnen Hören, Sehen, Riechen, Tasten, Fühlen, haben wir einen sechsten Sinn. Nicht nur die hellseherisch Begabten, nicht nur die Eingeweihten, nicht nur die Profis, – jeder von uns ist mit dieser Fähigkeit geboren worden, denn sie dient unserem Überleben und Wohlergehen. Hier steht uns eine umfangreiche Quelle der Wahrnehmung zur Verfügung, spannender als jede Vorabendserie: Inneres Kino mit uns als Hauptdarsteller, Regisseur und Drehbuchautor.

Warum haben wir verlernt, mit dem inneren Auge zu sehen?

Weil wir nicht mehr in enger Verbindung mit der Natur leben, weil wir diese Sinne nicht mehr automatisch nutzen. Religionen haben diese Wahrnehmungen mit Tabus belegt. Die Wissenschaft lässt nur Beweisbares gelten. Warum wir sie jetzt wieder brauchen: Der Dschungel unser Menschenwelt ist gefährlicher und undurchdringlicher geworden als der brasilianische Urwald.

Der Planet Erde braucht Bewohner, die aus ihrer Trance, aus ihren Traumata, aus ihrer Blindheit und Taubheit aufwachen, und mit scharfen Sinnen, klarer Vision für Wohlergehen und Gleichgewicht sorgen.

Das innere Auge ist ein Poet. Es fängt Stimmungen auf und übersetzt sie in Bilder, Farben, Strukturen, feinste Gefühle. Das innere Auge ist ein Geschichtenerzähler. Es bringt Ereignisse in einen sinnvollen Zusammenhang.

Wenn wir unsere innere Wahrnehmung kennenlernen wollen, müssen wir den Künstler in uns zum Leben erwecken. Unser Verstand hat keinen Zugang zum inneren Blick. Wir sind es gewohnt, jede Information und Wahrnehmung in einen rationalen Zusammenhang zu bringen. Wenn uns das nicht gelingt, wie bei inneren Wahrnehmungen, empfinden wir Konfusion, Zweifel, Ohnmacht, Unsicherheit, Ratlosigkeit. – Oder: Ekstase. Denn es ist uns gelungen, den Verstand zu umgehen und auf pure Weise wahrzunehmen. Was wir dort sehen, ist so faszinierend wie ein Bild von Salvador Dali, wie eine Ballade von Chopin, wie ein Gedicht von Rainer Maria Rilke oder ein indianischer Totempfahl – nein, es ist noch faszinierender, denn es ist nie dagewesen – wir allein haben es geschaffen. Es enthält unsere Essenz. Wir erkennen uns selbst darin. Gleichzeitig hat die innere Vision etwas, das über uns hinausgeht. Sie hat eine Qualität, die einem großen Ganzen angehört, sie enthält eine Weisheit, die einem unendlichen Erfahrungsschatz anzugehören scheint. Sie ist begleitet von einem Gefühl des Staunens, der Dankbarkeit, des Vertrauens, des Dazugehörens und der Liebe. Sie ist begleitet von einem Gefühl der Gewissheit. Direktes Wissen, das keinen Beweis verlangt, dem keine Zweifel anhaften.

Unser inneres Auge nimmt ganzheitlich wahr. Alle Sinne sind beteiligt, unser Körper ist beteiligt, Sehen, Hören, Schmecken, Riechen, Tasten, unsere Gefühle sind beteiligt, unsere Spiritualität und unsere innere Weisheit. Unser inneres Auge betreibt Gesamtschau. Es verarbeitet eine unfassbar große Menge an Informationen und schmilzt sie ein in einem eindrücklichen Bild, einer zentralen Körpersensation, einem Gefühl, einer Geschichte oder einem Traum. Dieses innere Auge ist immer aktiv, genauso wie unser Herz immer schlägt, wie wir atmen. Das innere Auge hat seine eigene Weise, die Welt, in der wir leben und unser persönliches Erleben dieser Welt, zu betrachten. Seine Sicht unterscheidet sich oft beträchtlich von der Einschätzung und Wahrnehmung der rationalen Wahrnehmung.

Unser inneres Auge sieht ohne den Filter des Urteils, ohne Interpretation. Es sieht, was ist.

Das innere Sehen ist ein weises Sehen. Was Philosophen durch Jahrtausende an ethischen Grundsätzen herausgefiltert haben, die Weisheit unseres inneren Auges kennt es intuitiv und lässt es uns erfahren. Durch unser inneres Auge sehen wir uns selbst als Teil einer Gemeinschaft aller Lebewesen und als Teil der Natur. Unser inneres Auge ist auf unser Überleben und unser Wohlsein ausgerichtet. Unser inneres Auge sieht unser Potenzial, es fördert Heilung, Gesundheit, Wachstum, Entwicklung und Erfüllung. Unser inneres Auge ist ein Künstler, ein Erfinder, Gestalter, Verwirklicher, ein Beziehungskünstler, ein Liebhaber und ein Visionär.

Wie kann ich diesen inneren Blick entwickeln? Das haben sich Menschen stets gefragt und sie fanden unzählige Antworten:

Malen, Musik machen, lieben, eine Familie gründen, Drogen nehmen, Symbole studieren, Träume aufzeichnen, Karten legen oder Tische rücken. Vielleicht auch Erbsen zählen.

Wie auch immer der Weg dorthin aussieht, durch welches Tor auch immer du gehst: Wenn es dir gelingt, dein inneres Auge aufzuwecken und wach zu halten, wirst du bald merken, wie unverzichtbar es ist, um gute Entscheidungen zu treffen. Du wirst staunen, wie unbeschreiblich sich dein Leben verändert und entwickelt. Das innere Auge ist vertrauenswürdiger als der Verstand, weil es zusammenfassender sieht. Niemand gibt dir so gute Ratschläge, niemand ist ein besserer Therapeut, Businesscoach oder Beziehungsratgeber.

Deine Aufgabe

Richte deine Aufmerksamkeit auf deinen Atem, beobachte deinen Atem. Beobachte nur, verändere nicht. Beobachte die Veränderung, die von allein geschieht. Je absichtsloser du beobachtest, desto tiefer wirst du in den Fluss der Veränderung eintauchen. Stell dir nun vor, du hast ein Auge, das wie eine unsichtbare Kamera in deinem Körper herumwandern könnte. Sie sieht dort aber nicht Blutbahnen, Knochen, innere Organe, Muskeln und Gewebe, nein, sie sieht innere Landschaften und ihre Beschaffenheit. Sie streift an inneren Gebirgen entlang, die sich in deinem linken Ellenbogen auftun, sie riecht den Ruß eines verloschenen Feuers in deinem rechten Knöchel. Unser Körper ist voller innerer Bilder, Traumbilder, die zu uns sprechen. Sieh dir diese Bilder in Ruhe an, nimm ihre Stimmung auf, beobachte, welche Gefühle sie auslösen und wie sie in Bewegung geraten. Das ist eine gute Übung, um das innere Augen zu trainieren.

Notiere eine Beobachtung, die du gemacht hast, etwas, was dein inneres Auge entdeckt hat. Sei ganz offen für alles. Auch wenn du nichts Spektakuläres entdeckst, behandle alles als gleichwertig, sei es ein Frosch, ein Unterwassergebirge oder ein merkwürdiges Gefühl von Leere. Notiere etwas, auch wenn es wenig bedeutend erscheint. Es geht hier, wie überall, darum, einen Anfang zu machen.

___

___

___

___

___

Die Geschichte mit der Maus

Schon lange träume ich davon, auf einem Pferdehof mit Seminarzentrum zu leben. Genau dazu erhielt eines Tages eine Einladung. Es war perfekt, so perfekt als hätte eine überirdische Macht beschlossen, mir die Erfüllung meiner abwegigsten Träume vor die Nase zu setzen. Das Ganze hatte nur einen Haken: Ich hatte eine Familie, die an einem anderen Ort wohnte, Kinder, die dort zur Schule gingen und einen Mann, der dort einen nicht austauschbaren Arbeitsplatz hatte. In einer schamanischen Reise wollte sich mir der Zugang in die Unterwelt nicht öffnen. Dann jedoch ging das Tor plötzlich auf, ich saß in einem Waggon und fuhr in einer Spirale in die Erde hinunter. Dort traf ich auf eine Maus, die in einem Käfig saß, der nach oben offen war. Unmöglich für die Maus, diesem Käfig zu entrinnen, genauso unmöglich wie die Option auf den Traumhof zu ziehen. Wie gemein! Welchen hinterhältigen Trick spielte mir das Leben? Ich verweilte bei der Maus und badete in der Ausweglosigkeit, ärgerte mich, dass ich überhaupt hier gelandet war und dem Traum überhaupt eine

Chance gegeben hatte. Da verwandelte sich die Maus in einen Schmetterling und flog davon. Nach dem Erlebnis begann ich mich, für die Details des Hofprojekts zu interessieren. In der nächsten Nacht konnte ich vor Aufregung kaum schlafen. Als ich zurückkehrte, erzählte ich meinem Mann davon und zu meiner allergrößten Überraschung schlug er vor, dorthin zu fahren, auch wenn wir keine Ahnung hatten, wie das gehen sollte. Als ich den Hof tatsächlich sah, war ich noch sprachloser: Er war irreal perfekt. Ich konnte kaum fassen, dass all dies wirklich geschah.

Die Maus sagte mir, dass ich gefangen war in einem Bild meines Lebens, das keinen Ausweg zuließ, einer Wirklichkeit, die verlangte, meine Träume zurückzustellen. Die Lösung war aber in dem Bild selbst schon angelegt: Der Käfig war nach oben hin offen. Eine Maus kam nicht hinaus, aber ein Schmetterling schon, er konnte hinaus fliegen. Er war außerdem das Symbol für Transformation. Ich staune immer wieder, wie mein inneres Auge Lösungen findet, so einfach und unbestechlich, Lösungen für Dinge, die ausweglos erscheinen. Das ist die Intelligenz der Natur: einfach und wirksam. Und sie hat damit zu tun, dass wir unsere Wahrnehmung öffnen für eine neue, weitere Ebene.

Einige Tage später hatte ich einen Alptraum, in dem die Maus wieder auftauchte. In diesem Traum bereitete ich ein Haus auf einen Workshop vor, da huschte die Maus über den Boden. Ich war wütend und erschlug die Maus in mehreren blutigen Anläufen, bis sie endlich auf eine sehr plastische Weise zerfleischt war. Gerade noch rechtzeitig, bevor die Teilnehmer eintrafen, beförderte ich sie in den Müll. Der Traum schockierte mich, denn ich erschlage keine Mäuse, ich erschlage auch keine Käfer. Spinnen trage ich persönlich hinaus und bitte sie, draußen zu bleiben, woran sie sich in der Regel halten. Tagelang versuchte ich, die Botschaft der Maus in meinem Traum zu verstehen. War das ganze Hofprojekt ein riesiger Fehler? Tötete ich mein inneres Leben ab? Das Projekt schwang zwischen detaillierten Fragen der Verwirklichung und der großer Vision hin und her wie ein tonnenschweres Pendel. Aber all das betrübte mich nicht. Ich

Schritt Zwei: Der innere Ruf

war bereit, mit raubtierhafter Kraft die Maus, die das Bild trübte, zu zerfleischen. Auf einmal begegneten mir überall Mäuse. Eine Katze lief vorbei, eine Maus im Maul, Mäuse zernagten den Futtersack meiner Stute, ein Nagetier, unterhalb der Hütte, in dem einer meiner Workshops stattfand, machte beträchtlichen Lärm.

Inzwischen war ich überzeugt, dass die Maus mich warnen wollte. Ich hatte mich in unrealistische Visionen verstiegen und war dabei alle inneren Warnzeichen in den Wind zu schlagen. Warum aber hatte ich mich am Morgen nach dem Traum mit der Maus so glücklich und zufrieden gefühlt und warum waren meine Magenschmerzen seither verschwunden? Glücklich nachdem ich ein Lebewesen getötet hatte? "Unsere Wut verbrennt unsere Angst", las ich in einem Buch über die Botschaften unseres Körpers. Die Wut, mit der ich die Maus erschlagen hatte, hatte alle meine Ängste vor den vielen Details raubtierhaft beiseite geräumt. Aber auch das war klar: Ich hatte etwas Lebendiges geopfert, einen lebendigen Teil meiner selbst.

Eine Woche später sah ich eine tote Katze am Fahrbandrand liegen. Das ist jetzt drei Jahre her. Das Hofprojekt scheiterte, meine Familie verlor das Haus, in dem wir zu dieser Zeit wohnten, und wir alle gingen durch eine harte Zeit. Es war ein Opfer und wir ließen unwiederbringliche Teile unserer selbst zurück. Aber wir haben auch eine Freiheit gewonnen, die uns allen neue Wege eröffnete. Es war richtig und unvermeidlich, dem Traum zu folgen, auch wenn die Geschichte einen anderen Ausgang nahm als der Tagtraum es suggerierte. Die Tiere erzählten die ganze Geschichte, die reale Geschichte. Sie erzählten das wirkliche Geschehen, das niemals eindimensional ist, sondern ein Tanz, wenn auch manchmal ein blutiger. Sie haben mich gelehrt, dass es unvermeidlich ist, seinen Träumen zu folgen, auch wenn sie anders ausgehen als geplant. Die Belohnung ist, lebendig zu sein.

Wenn das innere Auge anfängt zu sehen, kann es stürmisch werden

Wenn wir anfangen, die Welt mit dem inneren Auge zu betrachten, kann es passieren, dass wir von den vielen neuen Informationen erschreckt und überflutet werden. Es ist wichtig zu wissen, dass unser Körper und unsere Psyche Zeit brauchen, das neue Bewusstsein zu integrieren. Es ist wichtig zu wissen, dass wir das innere Wissen und die Form, in der wir es wahrnehmen, steuern können. Die Weisheit der Natur ist kein höheres Wesen, das uns bestraft, wenn wir uns nicht an die Regeln halten, das uns verurteilt, wenn wir etwas falsch machen, das sich rächt, wenn wir an das Falsche glauben. Deswegen mag ich die Spiritualität der Natur, sie wertet nicht, sie ist einfach da. Manche können sie nicht wahrnehmen, weil sie gelernt haben, dass Gott urteilt, straft und rächt und dass ohne Strafe und Urteil sich alles Spirituelle wie leer anfühlt.

Das innere Auge ist ein wenig wie die Vorstellung, dass Gott alles sieht. Nur, dass es sich nicht um Gott dreht, sondern um eine unabhängige Fähigkeit unseres Bewusstseins, feine Schwingungen und Energien wahrzunehmen.

Wenn wir unsere Wahrnehmung auf diese Weise verfeinern, gewinnen wir zusätzliche Kräfte, die Kraft des Raubtiers, die Kraft des Fluchttiers, die Kraft des Wassers, des Feuers, vielfältige, große und auch fein nuancierte Kräfte. Mit so viel Kraft kann unser Leben eine gewaltige Dynamik entwickeln. Wünsche werden wahr, Träume, die wir schon lange verfolgen, stehen als Realität vor unseren Augen. Plötzlich stellen wir fest, dass es ja ganz schön war, zu träumen, aber wollen wir wirklich, dass der Traummann, der Traumjob, der Traumhof in unser Leben tritt? Es ist wichtig zu wissen, dass wir immer die Freiheit haben zu entscheiden, was für uns richtig ist.

Naturweisheit folgt einer puren Notwendigkeit, aber sie zwingt uns nicht. Das Abwarten, das Gären, das Wachsen

gehören dazu. Naturweisheit orientiert sich nicht am Ergebnis. Die Rose blüht ein paar Tage lang, dann welkt sie.

Zuvor war sie eine Knospe. All das gehört zum Blühen dazu. Sie war der Hitze und der Kälte ausgesetzt.

Die Weisheit der Natur ist die Weisheit der Erfahrung, nicht des Ergebnisses.

Das Ergebnis erfolgt zwangsläufig, wenn sich für die Erfahrung öffnet.

Schritt 3: Die Wunde

DIE WUNDE

Schritt Drei: Die Wunde

Nachdem wir unseren inneren Ruf vernommen haben, warum folgen wir ihm nicht und werden glücklich bis wir gestorben sind? Hier kommt der dritte Schritt der Reise ins Spiel. Der innere Ruf kommt immer im Doppelpack. Sobald wir den Schritt aus unserer gewohnten Welt hinauswagen, treten die Zweifler, Mahner, Kritiker und Warner auf den Plan. Die inneren und oft auch die äußeren. Sie waren die ganze Zeit schon da. Wir haben sie nur nicht wahrgenommen, weil wir brav nach ihrer Pfeife getanzt haben.

Aber jetzt haben wir uns unserem Ruf voll und ganz hingegeben. Wir haben die Kritiker und die Mahner gefeuert. Wir laufen mit einem breiten Grinsen durch die Welt, wir verkünden, dass wir Bäume leuchten sehen - und ausreißen können. Jetzt haben sie Beweise. Wir kündigen unseren Job in einer renommierten Anwaltskanzlei und werden Yogalehrerin auf den Malediven. Jetzt haben sie Argumente.

Tacochips und Tacodips sind ein echtes Argument. Wir füttern uns gern mit Unglück.

Das Fernsehen lebt von der tiefen Befriedigung all jener Sofasitzer, die es nicht wagen, die Tacochips hinter sich zu lassen, all jenen, die nur darauf warten, dass die Mutigen scheitern.

Unsere Welt ist voll von klugen Experten, die wissen, dass und warum etwas nicht geht.

Unsere Zeitungen, Radios und TV Sender machen Auflagen mit Unglücksmeldungen und der darunterliegenden Botschaft, dass die Welt ein lebensgefährlicher Dschungel ist, in dem jeder gefressen wird, der sich vor die Tür wagt.

Wir gehören selbst zu den Mahnern und Zweiflern. Damit hier keine „Die anderen sind schuld, dass aus mir nichts wird-Stimmung" entsteht, gleich die nächste Aufgabe für dich.

Deine Aufgabe

Wann ist dir schon einmal, vielleicht erst vor kurzem jemand begegnet, der eine neue Leidenschaft entdeckt oder etwas Ungewöhnliches gesagt oder getan hat und du hast Zweifel angemeldet, meintest, du müsstest ihn oder sie warnen. Hast es ja nur gut gemeint. Sei ehrlich zu dir selbst.

_____

_____

_____

_____

So schwerwiegend die Argumente der warnenden Experten sein können, viel gravierender sind die inneren Kritiker, die begierig alle Argumente aufsaugen, um ihre eigene Betonmauer zu gießen. Und manchmal haben sie sogar recht. Wir wollen uns ja nicht blauäugig ins Unglück stürzen.

„Liebe macht blind", sagte schon Oma. „Wenn Liebe nicht blind machen würde, wäre die Menschheit längst ausgestorben", sagte Opa.

Wer hat nun recht? Schon hängen wir fest im inneren Argumente-Karussell. Statt verliebt wandern wir grübelnd durch unsere Tage. Obwohl doch alles so toll ist, neuer Job, neue Liebe, neues Leben, fühlen wir uns alles andere als toll – und den Neid der anderen müssen wir auch noch ertragen. Wir hätten wohl doch bei dem bleiben sollen, was wir waren. Zu spät.

Die Angst des Helden ist der wahre Mut

So toll ein innerer Ruf sein kann, danach beginnt ein Kräftemessen zwischen unserer Glückseligkeit und der puren Angst, die jeder empfindet, der sich auf den Weg in die Wildnis macht. Wenn er sie nicht empfindet, hat er sich nicht auf den Weg gemacht. Diese Angst ist durch und durch berechtigt – und unvermeidbar. Sie ist eine natürliche Reaktion, der wir nicht ausweichen können. Wenn wir sie jedoch kennen und mit ihr rechnen, wenn wir wissen, wie wir mit ihr umgehen können, hält sie uns nicht länger davon ab, unsere Träume zu verwirklichen und echte Abenteuer zu erleben.

Helden sind nicht diejenigen, die keine Angst empfinden, sondern diejenigen, die sich die Angst zum Freund machen.

Das klingt provozierend, weil – wer möchte schon den ganzen Tag Hand in Hand mit seiner Angst herumlaufen? Aber genau darum geht es. Unser Leben ist voller Aufforderungen, große Abenteuer zu erleben, große Taten zu vollbringen, all das zu sein, was wir an anderen bewundern, aber wir tun es nicht, weil wir erstarrt sind vor Angst, eingefroren in einer Angst, die uns noch nicht einmal bewusst ist, die uns aber unbewusst am Hocker festnagelt. Heldenmut kann also nicht der Todesmut sein, mit dem wir uns in unseren Ruin stürzen, sondern die Bewusstheit, mit der wir unseren inneren Eismann zum Auftauen bringen.

Deine Aufgabe

Gehe bitte zurück zu deinem inneren Ruf und wecke das Gefühl, das für dich damit verbunden ist. Dann frage dich: Welche Angst, welche Sorge kommt auf, bei der Vorstellung, dass ich diesem Ruf folge? Finde drei Ängste oder Besorgnisse. Versuche nicht der Angst auszuweichen oder sie zu beschwichtigen, sondern betrachte sie als Freund, der es gut mit dir meint. Schreibe auf, was du findest:

_____

_____

_____

Lies dir jetzt noch einmal durch, was du geschrieben hast und fühle dich noch ein Stück tiefer ein. Richte deinen Fokus auf dein Gefühl. Unterstreiche eine dieser Ängste, die körperlich am meisten in dir auslöst. Mit dieser Übung trainierst du deine energetische Wahrnehmung. Du übst dich darin, Gefühle, die du gewöhnlich vermeidest, als Energie wahrzunehmen. Du übst dich darin, sie einzuladen, anstatt sie zu verdrängen.

Die entscheidende Fähigkeit, die wir in der Wildnis brauchen, ist, die Angst als Freund zu betrachten.

Ich möchte hier noch einmal abheben auf den entscheidenden Unterschied. Keine Angst zu haben ist nicht hilfreich! Sich Angst abzutrainieren ist nicht hilfreich! Einen Freund ignoriert man nicht, einen Freund lässt man so sein, wie er ist. Ein Freund ist dazu da, dass er einem reinen Wein einschenkt.

Deine neue Freundin, die Angst

Im Folgenden geht es darum, deine neue Freundin, die Angst, etwas besser kennenzulernen. Sie spricht ihre ganz eigene Sprache und je besser du sie verstehst, desto sicherer ist dein Überleben in der Wildnis, desto geschmeidiger wirst du dich durch den Dschungel bewegen.

Die Wahrnehmung von Angst war eine der wichtigsten Überlebensfähigkeiten unserer Vorfahren. Angstwahrnehmung ist nichts, was man trainieren muss, sie ist angeboren. Zu unser aller Unglück wird sie uns abtrainiert. Unsere Aufgabe ist also, sie wieder leben zu lassen. Angst ist eine Reaktion auf drohende Gefahr. Sie fordert uns dazu auf, uns in Sicherheit zu bringen. Das ist der Grund, warum sie kommt. Sie bleibt solange da, bis wir uns in Sicherheit gebracht haben. Mehr will sie nicht. Danach verschwindet sie wieder. Das ist alles. Ein ganz einfacher Prozess.

Wenn du also mit deiner neuen Freundin klarkommen möchtest, musst du lernen, Angst energetisch zu betrachten.

Körperliche Bedrohung

Ein Tier wird sich, sobald es eine Bedrohung spürt, in Sicherheit bringen. Es flieht, es bekämpft die Gefahr oder es erstarrt, um sich unsichtbar zu machen. Dasselbe tut unser Körper.

Es sei denn, wir haben ihm beigebracht, dass es gut ist, sich zu verletzen oder verletzen zu lassen. Dann sind seine natürlichen Flucht-, Kampf- und Erstarrungsimpulse fehlgeleitet und wir bringen uns selbst immer wieder in dieselbe Gefahr. Oder wir haben gelernt, dass andere besser wissen, was gefährlich ist und ignorieren unsere eigenen Wahrnehmungen hartnäckig.

Simones Geschichte ist ein gutes Beispiel.

Schritt 3: Die Wunde

Hattest du Angst? Nicht die Geringste

Simone sitzt zum dritten Mal auf einem Pferd. Die erfolgreiche Personalleiterin weiß, wie man im Dschungel des Lebens klarkommt. „Meine Intuition ist ausgezeichnet", sagt sie zu der Reitlehrerin, einer dekorierten Turnierreiterin, die von Simone engagiert wurde, weil sie sich nicht lange mit Anfängerübungen aufhalten will. Die Grundgangart Schritt ist ihr bald zu langweilig. Die Reitlehrerin weist Simone darauf hin, dass ihr Gleichgewichtssinn noch nicht genügend ausgebildet ist, um den Trab zu sitzen. Simone ist anderer Meinung, sie trainiert seit Jahren Karate, ihr Gleichgewichtssinn ist hervorragend. Die Reitlehrerin setzt das Pferd in Trab. Zwei Runden später rutscht Simone, ganz unspektakulär, aus dem Sattel und fällt vom Pferd. Das gebrochene Schlüsselbein ist dramatisch. Warum ist das passiert?, will sie von mir wissen.
„Hattest du Angst?", frage ich.
„Nicht die geringste", erwidert sie selbstbewusst.
„Schlecht", sage ich.
Der Blick, mit dem sie antwortet, ist leicht beleidigt. Das kann ich verstehen. Simone lässt sich nicht gern etwas sagen.
„Angst nehmen wir, wie alle Gefühle, zuerst körperlich wahr. Wenn die Gefühlsinformation im Kopf angekommen ist, ist es meist zu spät, vor allem, wenn man auf einem Pferd sitzt. Wenn unser Verstand sagt: Ich sollte lieber nicht traben, ist der Körper unter Umständen schon im Schock und nicht mehr handlungsfähig. Die Langsamkeit, mit der wir in unserem Alltag Gefühle wahrnehmen, damit könnten wir in der Natur nicht lange überleben."
Ich bitte Simone, sich noch einmal in die Situation der Reitstunde hineinzubegeben.
„Das liegt schon zu lange zurück", sagt sie.
„Versuche es. Unser Köper hat ein präzises Gedächtnis."
Es gelingt Simone, sich zu erinnern, wie sie im Sattel sitzt und traben möchte. Um Zugang zu unserer Angst zu bekommen,

Schritt 3: Die Wunde

müssen wir unsere Wahrnehmung verfeinern.

Wir müssen uns immer wieder vor Augen führen, dass der Naturmensch in uns viel feiner wahrnimmt als der Zivilisierte. Der Weg in unsere urtümliche Kraft ist kein Höher-Schneller-Weiter-Weg, sondern ein Weg ins Feine, Präsente, Reine.

„Was empfindest du, während du der Reitlehrerin sagst, dass du traben möchtest?", frage ich Simone.

„Ich möchte gern, dass etwas passiert. Ich habe Lust, etwas zu erleben, also dass das Pferd sich schneller bewegt."

„Was sagt dein Körper dazu?"

„Lust. Positive Aufregung."

„Fühlst du das? Jetzt?"

„Ja."

„Kannst du das Gefühl beschreiben?"

„Das habe ich doch schon."

„Entschuldige, ich habe mich nicht klar genug ausgedrückt: Kannst du mir eine körperliche Wahrnehmung beschreiben?"

„Sie sieht mich etwas verwundert an. „Nein, kann ich nicht. Ich spüre nichts." Sie sieht mich noch verwunderter an: „Mir wird gerade bewusst, dass meine Lust, auf dem Pferd zu traben, eine Idee war und weniger ein körperliches Empfinden." Sie atmet tief aus. „Puh, jetzt habe ich eine Körperwahrnehmung – aber die ist nicht sehr angenehm." Simone beugt sich nach vorn als würde sie sich krümmen. „Auweia", sagt sie. „Ich brauche einen Moment."

Eine ganze Weile sitzt Simone gekrümmt da. Dann sieht sie mich nachdenklich an. „Mir wird gerade bewusst, oder anders ausgedrückt, mein Körper teilt mir gerade mit, dass ich ihm nicht genügend zuhöre, sondern lieber meinen Kopf durchsetze gegenüber ihm." Sie lacht. „Ohja das kenne ich."

„Kannst du noch einmal zu der Körperwahrnehmung zurückgehen, die du hattest, als du traben wolltest?"

Simones Blick ist sehr klar: „Angst. Was ich fühle ist Angst. Ich verstehe jetzt auch, wie es zu dem Unfall kam. Die Angst warnt mich, aber ich nehme sie nicht wahr. Mein Wille, voranzukommen und etwas zu erleben, schnell zu lernen, ist stärker. Das Pferd trabt, mein Körper merkt, dass er sich nicht halten kann. Mein Kopf sagt: Durchhalten, das wird schon. Mein Körper kapiert: „Ich werde nicht gehört. Die Angst schwächt mich. Bald werde ich ohnmächtig sein vor Angst und nichts mehr tun können. Die einzige Lösung besteht darin, mich so sicher und schonend wie möglich aus dem Sattel fallen zu lassen, so lange ich noch die Kontrolle habe." Simone holt Luft. "Es hat sich so seltsam angefühlt, als ich rutschte. Ich hatte keine Kontrolle mehr. Mein Körper hat die Kontrolle übernommen. Es war eine Notlösung meines in Panik geratenen Körpers – und ich habe nichts davon gemerkt. *Das* ist wirklich beängstigend."

Wir müssen davon ausgehen, dass unsere überlebensnotwendige Angstintuition von unseren mentalen Vorstellungen so sehr blockiert ist, dass wir nicht nur uns selbst, sondern unseren ganzen Planeten in den Untergang reißen.

Diese Lektion hat mich die Natur immer und immer wieder gelehrt und deshalb unterrichte ich sie unermüdlich. Es ist schier unmöglich, dies begreiflich zu machen, ohne dass wir es konkret erfahren. Denn in unserer Wahrnehmung der Wirklichkeit sind wir gefangen in Vorstellungen, Absichten und Interpretationen. Wir müssen die Erfahrung zerkleinern, in Details zerlegen, um den wirklichen Vorgang zu finden. Wir wissen, dass wir ihn gefunden haben, wenn wir unseren Körper sprechen hören.

In meinen Seminaren arbeite ich mit Pferden als Co-Trainern, die uns zeigen, welche Feinheit nötig ist, um sicher zu spüren, was uns bedroht und was wir brauchen, um uns in Sicherheit zu bringen. Die Wahrnehmung der Pferde ist nicht von Vorstellungen oder Ideen verstellt, sondern unmittelbar und körperlich. Mit ihren großen Körpern und ihrer großen Kraft zwingen sie uns, unsere Körperwahrnehmung zu aktivieren und sie agieren dabei als konkreter Spiegel.

Es dauert, bis das Eis auftaut

Ich traf Simone einige Wochen später wieder. „So schlimm dieser Reitunfall war, er hat mir die Augen geöffnet dafür, wie ich auch im Alltag mit meiner Angst umgehe. Ich habe die Projekte untersucht, in denen ich in den letzten Jahren gescheitert bin und oft gab es Momente, wo ich Angstsignale zu spät wahrgenommen habe. Auch in meinen Beziehungen pusche ich Menschen oft über ihre Grenzen und übersehe ihre Angstsignale. Das hat zu meinem berühmt berüchtigten Ruf in der Firma beigetragen. Ich dachte immer, das hätte mit Führungsstärke zu tun, aber hat es nicht. Viele hilfreiche Erkenntnisse." Sie lächelte.

Simones Erlebnis steht für die Erlebnisse vieler. Dass wir unsere Angst nicht in vollem Umfang wahrnehmen können, ist kein persönliches Defizit, sondern eine Prägung durch unsere Kultur. Weil sie so nachhaltig ist, dauert es, sie aufzulösen. Weil sie kollektiv verbreitet ist, sind wir Pioniere, wenn wir damit beginnen. Wir lösen ein kollektives Paradigma auf, das uns allen Kraft raubt. Wenn wir es anderen positiv vorleben, tragen wir zum Wohl aller bei.

Der Körper ist ein ausgezeichneter, blitzschneller und sehr zuverlässiger Angstmelder. Zuverlässiger und vertrauenswürdiger als jeder, der dir gute Ratschläge gibt. Zuverlässiger als alles, was du denkst, annimmst oder vermutest. Wenn du lernen willst, besser auf die Angstreaktionen deines Körpers zu hören, musst du das üben. Du musst daran arbeiten, deine gewohnten Wahrnehmungsmuster aufzulösen. Das ist ein größeres Projekt. Alles, was du dir in diesem Buch erarbeitest, trägt dazu bei. Unsere Gefühle und unser Körper, unsere mentalen Vorstellungen und unser Bewusstsein sind so eng miteinander verwoben, dass wir nicht das eine ändern können, ohne dass es auf das andere Einfluss hat. Wenn wir die inneren Eisberge auftauen, in denen unsere Angst eingefroren ist, erweitert sich unsere Wahrnehmung auf

Schritt 3: Die Wunde

allen Ebenen. Wir werden anders fühlen, anders denken, anders *sein*.

Auf diesem Weg ist es gut, einen Reiseführer an deiner Seite zu haben. Jemanden, der das Spiel der Elemente von außen sehen kann, während du drinsteckst. Die Herausforderung in der Persönlichkeitsentwicklung besteht darin, dass wir uns über unsere bekannten Maßstäbe hinausbewegen wollen, aber dass wir dann auch keine Maßstäbe mehr haben, die uns sagen, wo wir sind und was der nächste Schritt ist. Da ist es gut, jemanden zu haben, der das Terrain kennt.

Deine Aufgabe

Damit dies nicht nur Theorie bleibt, ist deine nächste Aufgabe, eine nützliche Angst zu empfinden.

Bitte erinnere dich an eine Situation, in der du einer Gefahr ausgesetzt warst: Bitte wähle eine Situation, in der es um eine körperliche Gefahr ging. Gehe so weit in diese Erinnerung hinein, bis du sie körperlich wahrnehmen kannst: Vielleicht kannst du auch nichts körperlich wahrnehmen. Das ist ebenfalls eine Information. Fühle die Situation so tief, dass sie ganz präsent ist, dann beobachte, was passiert. Warte bis deine innere Weisheit aktiv wird, bis sie sich zeigt. Du erkennst es daran, dass deine Gefühle sich bewegen, dass deine Körperwahrnehmung sich bewegt. Zum Beispiel, dass ein Kribbeln entsteht, dass dir heiß wird, dass dir ein Seufzen entfährt oder du plötzlich aufstehen und lüften willst. Warte bis der Prozess sich selbst zum Ende bringt und sich beruhigt.

Schritt 3: Die Wunde

Am Ende der Übung atme bitte tief ein und aus, so lange bis du wieder ruhig und bei dir bist. Schreibe bitte eine entscheidende Erkenntnis auf, die du über deine Angstwahrnehmung gewonnen hast.

_____

_____

_____

Wir haben uns jetzt mit Angst beschäftigt, die durch eine körperliche Bedrohung entsteht. Eine andere wichtige Angst auf unserem Weg durch die Wildnis ist die emotionale Angst.

Emotionale Angst ist das wahre Heldengefühl.

Ein eindrückliches Beispiel für emotionale Angst ist die Bühnenangst: Sich vor einem Publikum zu zeigen und von anderen beurteilt zu werden, bringt viele von uns schier um den Verstand. Es ist jedoch noch niemand an Bühnenangst gestorben. Eine körperliche Bedrohung besteht nicht, trotzdem läuft unser Körper Amok. Andere Beispiele sind: das erste Date, jemanden auf der Straße nach dem Weg fragen, eine Schwäche eingestehen, einen Liebesbrief abschicken, lebensverändernde Entscheidungen treffen, zum Frisör gehen.

Ich könnte hier noch eine Million Beispiele aufzählen. Emotionale Angst begleitet uns bei allen kreativen Tätigkeiten, sprich bei allem, was wir tun, wenn wir lebendig sind. Sie ist eine Mischung aus prickelnder innerer Aufregung und lähmender Blockade, je nachdem wie mutig wir ihr begegnen. Die größte Fähigkeit des kreativen Menschen ist die Fähigkeit, die Angst vor dem Unbekannten als prickelnde Aufregung zu empfinden. Die Fähigkeit, eine lähmende Blockade zu erkennen und sie in Mut

Schritt 3: Die Wunde

umzuwandeln. Das ist der Angstmotor aller großen Errungenschaften. Es ist das Geheimnis des Erfolgs.

Emotionale Angst oder Verletzbarkeit ist ein Gefühl, das wir uns ebenfalls unbedingt zum Freund machen sollten. Freunde kennt man. Man läuft nicht vor ihnen davon – auch wenn sie schön schräg sind. Eines der schrägsten Ensembles aus Freunden findet man in dem Film „Notting Hill". Die Hauptfigur, gespielt von Hugh Grant, ist gesegnet mit diesen Gestalten. Sie verkörpern alle seine Ängste, was Liebesbeziehungen angeht: der peinliche Exhibitionist, die unglücklich Verliebte, das gebrochene Herz, der Mann ohne Selbstbewusstsein, der beruflich Gescheiterte. In Gestalt seiner Freunde setzt er sich mit ihnen auseinander.

Echte Freunde sind ein wahres Geschenk: Sie konfrontieren uns mit der Wahrheit. Genau das ist der unschätzbare Wert, wenn wir uns die emotionale Angst zum Freund machen.

Wenn wir uns allen diesen Ängsten stellen mit dem aufrechten Herzen eines Freundes, werden sie zum Emulgator, zum Treibmittel unserer Psyche, das unsere Kraft zum Vorschein bringt.

Hey Jude, you know that it's a fool who plays it cool by making the world a little colder ...

Ein guter Persönlichkeitstrainer spürt schon in den ersten Interaktionen mit einem Menschen, wie gut dieser mit seiner Verletzbarkeit befreundet ist. Ob er den Mut hat, Fehler zu machen, zu scheitern, sich schwach zu zeigen. Das verrät schon unsere Körperhaltung und unsere Sprache über uns, die Energie, die wir ausstrahlen. Daran kann ein Trainer erkennen, wie schnell jemand vorankommen wird. Wenn unsere Verletzbarkeit in reaktiven Mustern gefangen ist, werden wir feststecken, bis wir sie ans Tageslicht geholt haben. Menschen, die stets gewinnen, gut dastehen oder gut aussehen müssen, haben eine schwere Bürde.

Mit einem Rucksack voller Ansprüche auf dem Rücken lässt es sich schwer tanzen. Emotionale Angst ist unser größter Stolperstein auf der Reise. Leider wurden uns die Vermeidung und das Verbergen unserer Verletzbarkeit auf unserem Weg vom Säugling zum gesellschaftstauglichen Bürger mit perfider Perfektion unermüdlich eingetrichtert.

Wir sind emotionale Krüppel, weil man uns eine Milliarde Mal erzählt hat, dass wir auf keinen Fall ängstlich, nervös, schwankend, waschlappig, zögerlich, zweiflerisch oder unentschieden sein dürfen.

Erlaubt ist: Unseren Schmerz in Alkohol zu ertränken, Anti-Depressiva zu schlucken, das Stehaufmännchen zu spielen, mit teuren Autos zu protzen, makellose Karrieren hinzulegen und unsere daraus resultierenden Depressionen schick Burnout zu nennen. Fällt da niemandem etwas auf? Dass sich da nichts bewegt, außer den Bach hinunter?

Der dritte Schritt der Heldenreise ist nicht so toll und begeisternd wie der Zweite. Er taugt auch nicht für Erfolgstrainer, die uns mit kraftgeladenem Voranpreschen von den Hockern reißen wollen. Hier geht es zum ersten Mal darum, unangenehme Gefühle wahrzunehmen in ihrer ganzen Brandbreite. Wenn du den Mumm dazu hast, willkommen im Club der wahren Helden. Wenn nicht, zurück zum Anfang. Erst wenn du durch dieses Tor gegangen bist, darfst du weiterreisen, liebe Heldin, lieber Held.

Deine Aufgabe

Wie fühlst du dich genau jetzt? Wunderbar? Deine emotionalen Muskeln spielen und warten auf das Abenteuer? Oder beschleicht dich das Gefühl, dass ein Sumpf vor dir liegt mit verborgenen Leichen, auf die du keinesfalls deine Taschenlampe richten möchtest? Hast du ein undefinierbares mulmiges Gefühl? Sagt dein Verstand, dass du noch nie gut im Fühlen warst – und mehr üben solltest, aber nicht jetzt.

Was genau fühlst du jetzt? Schreibe es auf. Es geht hier nur um den Augenblick, den jetzigen Augenblick.

_____

_____

_____

_____

Wir haben viele Wunden und viele Blockaden und wir können sie verwandeln. Wir haben gegenwärtige Wunden oder Verletzbarkeiten und dahinter verbergen sich alte Wunden, oft aus der Kindheit, einer Zeit, in der wir abhängig waren und uns nicht wehren konnten. Diese alten Wunden zeigen sich, wenn wir die Energie unseres Weges erhöhen, wenn wir über uns hinauswachsen wollen.

Die Dämonen und Monster, die dem Helden begegnen, sind Verkörperungen seiner alten Wunden.

Deshalb kommt der Held in jeder Geschichte an einen Punkt des Scheiterns, in eine Lage, die ausweglos erscheint. Wie die Hauptfigur Vivian in „Pretty Woman", die sich in den wohlhabenden Edward verliebt hat, der sie zwar gern als bezahlte Gespielin beibehalten würde, aber zu einer echten Beziehung nicht bereit ist.

Ich lade dich jetzt ein in einen eigenen Prozess der Verletzbarkeit, der eine alte Wunde berührt. Ich bitte dich, zuerst den Text zu lesen. Bitte nimm deine Reaktionen beim Lesen bewusst wahr. Am Ende des Textes werde ich dich bitten, selbst in einen Prozess zu gehen und ihn aufzuschreiben.

Achte deine Wunden

Ich habe mich verloren. Der Zugang zu meiner Intuition ist verschlossen. Das geht schon ein paar Wochen so. Alles, was ich gelernt habe, spirituell, alles, was mir so wahrhaftig erschien, war es eine Täuschung? Habe ich mir – und anderen – etwas vorgemacht? All diese Fähigkeiten, über die ich schreibe, die ich unterrichte. Sie flossen aus einer Quelle, die unerschöpflich schien. Die Quelle ist versiegt. Ich habe keinen Einfluss darauf. Es gibt keine Technik, keinen Trick, kein Abrakadabra Simsalabim, das die Quelle wieder öffnen würde. Mein ganzer Körper schmerzt. Eine Wunde ist aufgerissen, eine alte Wunde, die schon immer da war. Ich weiß nicht mehr über diese Wunde, als dass sie alt ist und schon immer da war. Sie wurde mir zu einer Zeit zugefügt, als ich wehrlos war und nichts wusste. Ich habe versucht mich zu schützen, aber die Welt, der Lärm, der Schmerz, die Entbehrung waren zu groß. Ich kann mich aus meinem jetzigen Zustand nur befreien, wenn ich die Wunde achte, das ist alles, was ich weiß.

Jeden Morgen versuche ich von neuem, das Gesicht der Wunde zu ertasten, als hätte ich, in der Dunkelheit ein Grab geöffnet und würde einem lange begrabenen Wesen ins Leben zurückhelfen. Wer ist sie? Warum liegt sie dort?

Wenn ich mich umsehe, bemerke ich, dass die Gegenstände weit entfernt scheinen. Die Fotos an den Wänden, der Heizkörper, die zusammengefaltete Decke am Fußende des Bettes, in dem ich, krank und elend, sitze und schreibe ... Ich ziehe mich zurück aus der Welt der Gegenstände. Gleichzeitig zieht mich mein Körper mit einem pulsierenden Schmerz, dem Schmerz der Wunde, in die materielle Welt hinein. Ich will fliehen, aber eine Fessel an meinen Füßen hält mich zurück, wie die arabischen

Pferde, die an einem Hinterbein angepflockt werden. Wie ein in einem Stall eingeschlossenes Pferd.

Du musst hierbleiben, sagt der Schmerz. Hier. Hier. Hier.

Wie schwer mir das fällt, wo ich doch so geübt bin im Fliehen. Schon als Kind habe ich weiträumige Fantasiewelten bewohnt. Kann es etwas geben, das mich in der Welt der greifbaren Dinge festhalten kann? Man kann einen Körper festhalten, aber nicht einen Geist. Ich bin weg. Weg. Weg. Ich kenne so großartige Welten, da draußen, da drinnen, an einem für andere unzugänglichen Ort. In der Welt, in der ich lebe, kommen keine Menschen vor. Ich liebe Menschen, aber nicht in der Gestalt, in der sie in der Welt draußen erscheinen, ich liebe sie als Feen, als Kobolde, als Lichtgestalten. Ich sehe Menschen auf meine Weise. Vielleicht tun andere Menschen das auch?

Und jetzt? Jetzt? Auch die Liebe ist verschwunden. Das macht mich traurig. Das ist die Wunde. Ich kann die Menschen nicht lieben und füge ihnen Schmerz zu, enttäusche sie, weil ich sie nicht liebe. Ich kann auch die Feen und Kobolde nicht mehr lieben, nicht einmal mein Pferd.

Wenn ich doch nur meine Wunde kennen würde.

Oder ist das meine Wunde? Nicht in *dieser* Welt zu sein, wo die anderen Menschen sich scheinbar aufhalten. Aber sind sie wirklich dort? Müssen wir diese Welt, die wir uns gebaut haben, wirklich bewohnen? Haben wir uns nicht alle schon längst davongeschlichen? Suche ich die Liebe und die Menschen an einem falschen Ort? Suche ich die falsche Seite des Mondes? Gibt es eine andere Seite, die ich eigentlich suche, und will ich nur nicht länger dieses falsche Spiel spielen? Sind meine Fantasiewelten die wirkliche Welt und ist der Ort, der sich als unsere Realität ausgibt, nur eine weltfremde Fantasie? Ich habe die Welt verloren. Ich bin eine Nomadin, auf dem Weg in eine noch un-

Schritt 3: Die Wunde

bekanntere Wirklichkeit. Werden dort Menschen sein?

Ich bin verwirrt. Der Schmerz steigt in meinem Körper empor wie das Gift aus einer unterirdischen Quelle. Ich kann kaum atmen, mein Körper ist so hart, ich bin gefangen in meiner eigenen Kälte.

Vielleicht ist meine Intuition doch noch da. Nur woanders, als ich vermute. Hier, in diesem harten, sich zusammenziehenden Körper, hier bin *ich*. Die Kraft, die bislang nach außen floss, die andere berührte, zieht sich zurück. Mein Körper verwandelt sich in einen Stein.

Ich beobachte, wie mein Körper sich seinen Weg sucht. Ich bin still, ich bin da, ich bleibe hier. Der Schmerz ist die Wahrheit. Hier fühle ich mich sicher. Hier, mitten im Schmerz, ist der Ort, an dem ich wirklich *bin*.

Meine Wunde kenne ich nicht, - oder ist das meine Wunde? Ich weiß keinen Namen für sie. Ich möchte mich hinlegen und sterben, ich bin unendlich müde. Die Wunde entzieht mir alle Kraft. Die Welt der Dinge entzieht mir alle Kraft. Etwas verändert sich. Etwas bewegt sich. Ganz langsam. Die Wunde verwandelt sich. Der Schmerz verwandelt sich ganz langsam, unmerklich aber unaufhaltsam verwandelt er sich. Es tut nicht mehr so sehr weh. Die Kraft, die mich niedergedrückt hat, sie ist immer noch da. Aber sie lähmt mich nicht mehr so stark. Es ist als wäre ich aus einem langen Traum aufgewacht. Es ist erstaunlich, dass der Körper all dies von allein tut. Er verwandelt den Schmerz, die Angst, die Wunde in Kraft. Ich kann sie spüren. Die Kraft. Die beeindruckende Macht der Wunde, auf die ich keinen Einfluss hatte, diese uralte Wunde, die mein Leben mit einem Schatten bedeckt hat, hat die Wände gesprengt und ist jetzt da als Licht, als pulsierende Energie.

Jetzt geht es mir besser. Ich verstehe jetzt, was es bedeutet, meine Wunde zu achten. Es bedeutet, ihr Raum zu geben und die eingeschlossene Energie zu befreien. Die Menschen, die mir so fern erschienen, sie sind jetzt nah, die Gegenstände um mich herum, sie sind nah, ich bin mir nah. Alles schmeckt und riecht

Schritt 3: Die Wunde

und sieht aus nach Realität, eine neue kräftigere und zugleich leichtere Realität. Alles glänzt, ist von einem eigenartigen Schein umgeben, es fühlt sich an wie Leben. Die Essenz der Dinge ist hinter der Oberfläche sichtbar geworden. Alles ist real. Und hier ist auch die Liebe. Ich kann sie fühlen. Alles, was um mich ist und in mir, offenbart seine Essenz, die einzige Realität, auf die ich mich verlassen kann: die Liebe.

Ich liebe keine Fantasiemenschen, ich liebe echte Menschen. Echte Menschen verschließen sich nicht vor ihren Wunden, sie weichen ihnen nicht aus, sondern gehen mitten hinein, um den Schleier zu zerreißen und die Wände zu sprengen. Ich liebe die Wahrhaftigkeit, die darin liegt.

Deine Aufgabe

Gehe von deinem gegenwärtigen Gefühl aus und finde ein Beispiel für eine alte Wunde. Gehe von deiner körperlichen Wahrnehmung aus und höre, warte, was sich zeigt. Nimm etwas, das sich von selbst zeigt und vielleicht zunächst verwirrend oder unbekannt erscheint. Solange es mit Energie, Gefühl und einer körperlichen Wahrnehmung verbunden ist, ist es die richtige Spur. Schreibe ... was auch immer dir in den Sinn kommt. Beurteile nicht. Beobachte. Lass dich vom Prozess tragen, folge dem, was kommt. Erwarte nichts und halte nichts fest. Akzeptiere alles, was kommt und folge dem, bis du das Gefühl hast, an ein Ende gekommen zu sein.

_____

_____

_____

Schritt 3: Die Wunde

_____
_____
_____
_____
_____
_____
_____
_____
_____

(Nutze ein Extrablatt oder Journal, wenn du es brauchst)

Ich danke dir, dass du dem Weg bis hierher gefolgt bist und bitte dich um eine abschließende Tat. Gehe deine Notizen in den Aufgaben des 3. Schrittes noch einmal durch und notiere eine zentrale Erkenntnis oder Erfahrung in der Übersicht am Ende des Buches unter Schritt 3 „Die Wunde", S. 236.

Jetzt bist du eine Heldin, ein Held. Du bist getauft, eingeweiht in die Dunkelheit und in das Licht. Jetzt kannst du vorwärts gehen und dein Ziel finden auf dem Weg zur Verwirklichung deiner Träume.

Schritt Vier: Das Ziel

Die Schritte auf der Reise bringen sich selbst hervor

Um in der Wildnis, deiner inneren und der äußeren zu überleben, brauchst du Fähigkeiten, die im Widerspruch zueinander stehen. Eine der Künste, die du auf dieser Reise lernst, ist, wann welche Fähigkeit notwendig ist. Sollst du deine Wahrnehmung verfeinern oder verlangt der nächste Schritt das Ausblenden zu vieler Details und die Fokussierung auf ein klares Ziel? Das Beeindruckende an der Reise des Helden ist, dass du durch Erfahrung verstehst, wie sich alle diese Schritte von selbst auseinander heraus entwickeln. Die Reise folgt einer natürlichen Ordnung, einem Prozess der Transformation, der auch ohne dein Zutun geschieht. Es ist eine tiefe Weisheit, dass alles in der Natur einer steten Wandlung unterliegt. Daran kannst du nichts ändern. Alles, was du tun kannst, ist Bewusstsein darüber erlangen. Das Bewusstsein macht den entscheidenden Unterschied. Wenn du deine Reise mit Bewusstsein begehst, kannst du die Chancen erkennen, kannst du die Kraft nutzen, die sie bereit stellt. Du wirst zum Meister der Reise. Anstatt in der Wildnis den Weg zu verlieren, in Fallen zu tappen und aus dem Hinterhalt angegriffen zu werden, lernst du Fährten zu lesen und Lösungen zu finden, auch wenn die Situation ausweglos erscheint.

Aus der Kraft der Wunde wächst das Ziel

Nachdem du den Mut hattest, dir deine Verletzungen anzuschauen, können sie dir nicht mehr unbewusst im Weg stehen. Nachdem du deine Wunde durchlebt hast, hat sich deine Welt erneuert, deine Wahrnehmung ist klarer und weiter geworden. Du hast frische Kraft gewonnen für deinen Weg. Dein innerer Ruf, dein Traum, deine Vision sind der Verwirklichung einen Schritt näher gekommen. Die Kraft deines Rufes verlangt die Manifestation. Wie ein Liebender zu seiner Geliebten will, möchtest du deinen Traum leben. Seine reale Gestalt zieht dich unwiderstehlich an. In Gedanken bist du beschäftigt mit Plänen: Wie kannst du diesen oder jenen Job bekommen? Wie kannst du diese oder jene Wohnung finden? Die Zweifel, die dich davor noch zurückgehalten haben, sind verstummt und du genießt einen klaren Strom der Energie. Die Dinge scheinen sich zu fügen. Man nennt dich „Glückspilz", aber du weißt, dass es mit deiner Energie zusammenhängt. Du bist frei, die Dinge in dein Leben zu lassen, die deinem Seelenwunsch entsprechen. Joseph Campbell beschreibt es so: „Das Universum öffnet dir Türen, wo zuvor nur Mauern waren."

Schritt 4: Das Ziel

Deine Aufgabe

Sicher hast du schon einmal erlebt, wie sich plötzlich alles fügte, wie Türen aufgingen, wie Widerstände verschwanden – und dass dies zusammenhing mit einer Offenheit in dir. Schreibe ein solches Beispiel auf.

_____

_____

_____

Lies dir noch einmal durch, was du aufgeschrieben hast. Fokussiere dich jetzt auf das Gefühl der Offenheit, des Flows, der Leichtigkeit, des Glücks. Beschreibe es in einigen Worten.

_____

_____

_____

Mir ist wichtig, dass du erfahren kannst, wie diese Kraft sich selbst gebiert. Wie sie aus einer Quelle in dir hervorsprudelt. Wie die äußere Welt darauf antwortet. Wie ein Spiel aus Aktion und Gegenaktion entsteht, das Energie hervorbringt, das beide Seiten nährt und inspiriert. In diesem Schritt der Reise werden wir uns mit den Eigenschaften beschäftigen, die wichtig sind, um ein Ziel zu bestimmen und ihm näher zu kommen.

Improvisateur oder Planer? Welcher Typ bist du, wenn es um das Festlegen von Zielen geht?

Schritt 4: Das Ziel

Bevor du dich an die Verwirklichung eines Ziels machen kannst, musst du dir darüber klar werden, was dein Ziel ist. Man kann einen Businessplan, einen Fünfjahresplan, eine Deadline festlegen. Jeder hat eine andere Art mit dem Zielsetzen umzugehen. Peter, einer der Studenten meiner Schreibschule, ist ein gnadenloser Improvisateur, sobald wir über ein Ziel sprechen, zum Beispiel jeden Tag drei Seiten zu schreiben, verliert er alle Energie. Ein Ziel erzeugt zu viel Druck. Manche werden durch diesen inneren Druck ausgesprochen kreativ, andere erstarren. Für Peter ist es wichtig, stets alle Optionen offen zu halten, rein aus dem Augenblick heraus zu kreieren. Er will sich nicht festlegen, welches Buch er schreiben möchte, weil ihm morgen vielleicht die Geschichte seines Lebens einfallen könnte. Er möchte sich nicht einmal festlegen, morgen überhaupt noch zu schreiben. Peter ist weder faul noch unproduktiv. Er überrascht und verblüfft mich jedes Mal mit den Ergebnissen. Niemand konnte sie vorhersehen, nicht einmal er selbst. Sein Ziel könnte man sagen, ist es kein Ziel zu haben. Bei Sabine ist es ganz anders. Sie hat mich engagiert, um sie bei der Einhaltung ihrer Ziele zu überwachen. Sie ist wie Peter neugierig und stets von neuen Ideen fasziniert, sie verliert sich gern darin, ohne dass etwas entsteht. Durch einen strengen Rhythmus von lange im Voraus verabredeten Coaching-Terminen und einem Plan über die Zahl der Seiten, die sie jeweils geschrieben haben möchte, wächst ihr Buchprojekt Schritt für Schritt.

Es ist sehr hilfreich, sich zu fragen: Wie gehe ich um mit dem Festlegen von Zielen? Welche Strategie ist am fruchtbarsten? Brauche ich viel Plan oder brauche ich viel Offenheit? Es wichtig, hier die Urteile außen vorzulassen, auch die Selbstbilder, in die ich mich verliebt habe wie die Vorstellung, dass ich ein geniales Genie bin, das Planung verabscheut. Ich kenne sehr erfolgreiche Künstler, die jeden Buchhalter blass werden lassen, was ihren planerischen Perfektionismus angeht und ich kenne Führungskräfte, die ihre Mitarbeiter täglich neu begeistern können mit ihren aus dem Augenblick geborenen Ideen. Lass deine gut ge-

Schritt 4: Das Ziel

schminkten Selbstbilder beiseite und beobachte dich im Alltag. Beobachte, was dir Energie gibt und was dich lähmt. Keine mentalen Ideen, sondern Wahrnehmung im Augenblick.

Deine Aufgabe

Wähle ein Ziel aus, das du heute erreichen möchtest. Das kann etwas Einfaches sein, wie deine Wohnung staubsaugen oder etwas Anspruchsvolles wie ein Anruf wegen einer Stelle. Beobachte dich, mit welcher Strategie du vorgehst. Legst du einen genauen Zeitpunkt fest? Lässt du es offen? Ist deine Strategie erfolgreich oder scheiterst du damit? Schreibe bitte zwei Dinge auf: Welche Strategie bringt dich deinem Ziel näher? Welche Strategie behindert dich?

Eine Strategie, die mir hilft:

_____

_____

_____

Eine Strategie, die mich behindert:

_____

_____

_____

Schritt 4: Das Ziel

Bitte notiere eine wichtige Erkenntnis aus dieser Übung:

_____

_____

_____

Was ist mein Ziel?

Ein Ziel zu finden ist in sich ein Ziel. Deshalb war es mir wichtig, zuerst den Umgang mit Zielen an sich ins Bewusstsein zu heben. Wir haben viele natürliche Ziele, für die wir keinen übergroßen Willen aufbringen müssen: etwas zu essen finden, Wärme, Sicherheit, einer Gemeinschaft angehören, geliebt werden, anerkannt werden. Mit der Festlegung eines Ziels wollen wir erreichen, dass wir mehr Kraft, mehr Ausrichtung gewinnen. Deshalb ist die Frage, die sich hinter der Frage nach dem Ziel verbirgt, die Frage: Welches Ziel gibt mir Kraft? Gibt es mir Kraft, ein Haus zu bauen oder gibt es mir Kraft, mit Katzen zu leben?

Die Vision nicht aus dem Auge verlieren

Wenn wir uns auf das Terrain der Ziele begeben, fangen die Fragen nach Details an. Wie sieht dies und das konkret aus? Was ist machbar? Was ist realistisch? Der innere Ruf, der aus der reinen Seelenkraft kommt, begegnet der Welt mit ihren Herausforderungen, Restriktionen und Gesetzen. Unser Ziel wird nur Kraft und Aussicht auf Erfolg haben, wenn es mit der Quelle, dem inneren Ruf verbunden bleibt, wenn wir unsere Vision nicht aus den Augen verlieren. Die Vision ist die übergeordnete Kraft, die alle Anstrengungen auf dem Weg zum Ziel speist.

Die Kraft, die wir aus der Vision schöpfen können, übersteigt die Kraft, die uns ein Ziel verleiht.

Diese Hierarchie dürfen wir nicht aus dem Auge verlieren. Wenn ein Projekt, eine Beziehung, ein Lebensweg an Kraft verliert, wenn wir in Widersprüchen gefangen sind und zweifeln, müssen wir zur Quelle zurückkehren, zum Ruf, zur tieferen Quelle der Kraft.

Aus dem Ruf heraus ein Ziel kreieren

Mein Ruf ist, mit meinem Wissen über die Manifestationskraft der Natur ein größeres Publikum zu erreichen. Bislang habe ich Seminare mit Pferden in der Persönlichkeitsentwicklung abgehalten. Dabei habe ich erkannt, dass die unmittelbaren, authentischen Erfahrungen, die uns Pferde ermöglichen, nicht nur für Pferdemenschen von großem Wert sind. Wir alle müssen einen Weg zurück zur Intelligenz der Natur finden. Dieser innere Ruf bewegt mich dazu, dieses Buch zu schreiben, indem es nicht um Pferde geht wie in den meisten meiner anderen Bücher, sondern um die Urkraft in allem Lebendigen. Das ist ein neues Thema für mich und ich habe noch kein klares Bild. Heute Morgen habe ich den Titel verändert, heute Mittag habe ich ein Cover gefunden, das zu dem ursprünglichen Titel passt. Das sind Themen auf dem Weg zur Verwirklichung meines Ziels. Bei allen diesen Schritten frage ich mich immer wieder, stimmen sie mit meinem Ziel überein? Diese Frage wird uns auch auf den weiteren Schritten der Reise begleiten. Denn Ziele scheitern daran, dass wir die Vision aus dem Auge verlieren, dass wir die Verbindung zur Quelle, zur Urkraft verlieren, die größer ist, als wir selbst. Jener geheimnisvollen Kraft, die uns über uns selbst hinauswachsen lässt in einer Weise, wie wir es uns jetzt noch nicht vorstellen können.

Schritt 4: Das Ziel

Deine Aufgabe

Die nächste Aufgabe besteht darin, ein Ziel zu formulieren. Dieses Ziel soll dir Kraft geben und es soll mit der Kraft deines inneren Rufes in Einklang stehen. Gehe bitte zu deiner Eintragung für Schritt zwei und erinnere dich an die Begeisterung, die Verliebtheit, die Kraft deines inneren Rufes. Welchen nächsten Schritt brauchst du, um dein Ziel zu verwirklichen? Mach dir nicht zu viele Gedanken. Dies ist eine erste Notiz. Du verpflichtest dich zu nichts. Wir werden noch mehr daran arbeiten.

Eine Idee für mein Ziel:

_____

_____

_____

Innere und äußere Ziele

In der Welt, in der wir leben, werden äußere Ziele bei weitem höher bewertet als innere Ziele. Das ist fatal.

Öfters kommen Menschen in meine Seminare, die im Außen viel erreicht haben: Titel, Erfahrung, Erfolg. Ich muss da nicht weit schauen: Auch ich gehöre zu den Machern. Es gab eine Zeit, da wurde ich das Gefühl nicht los, dass etwas fehlte. Dieses Etwas konnte ich nicht im Außen finden. Eine der erstaunlichsten Erfahrungen, die ich und viele andere immer wieder in der Begegnung mit Pferden und anderen Tieren machen, ist die Tatsache, dass ein Tier dich nicht wahrnimmt, wenn du selbst keine innere Wahrnehmung hast. Das ist keine Romantik, sondern eine Tatsache. Das Tier sieht gelangweilt in die Gegend, ist irritiert oder verärgert von einem Menschen, der nicht bei sich ist – oder der sich in einem äußeren Ziel verliert. Was für Tiere gilt, gilt auch für unsere menschlichen Beziehungen. Wir finden keine Verbindung, wenn wir nicht bei uns sind.

Eine Bewusstseinsrevolution

Diese beobachtbare Erfahrung, die wir mit Tieren machen können, berührt so tief unsere gesellschaftlichen Werte und Konditionierungen, dass sie einer Revolution gleichkommt. Bislang waren es Religionen und spirituelle Schulen, Therapie und Kunst, die uns zur Innenschau aufgefordert haben. Wie viel Kraft sie in unserer Gesellschaft haben, wissen wir: Die christliche Kirche verliert ihre Kraft, spirituelle Konzepte werden als Randerscheinung abgetan, Therapie brauchen nur Kranke, Kunst ist ein Markt, in dem wir Käufer und Zuschauer sind. Wir sind ausgehungert nach echter innerer Kraft, wir fallen Manipulatoren zum Opfer, weil wir uns selbst nicht kennen, wie halten die Zeit, die wir mit Meditation, Selbstreflektion, echter Gemeinschaft verbringen für verschwendet. Wir haben viel verloren. Viele von uns werden von Indianerromantik angezogen. Was sich dahinter verbirgt, ist das intuitive Wissen, dass wir mehr brauchen als ein äußerlich erfolgreiches Leben. Naturvölker halten Rituale und Zeremonien ab, ihre Mitglieder gehen durch Initiationen, sie kommunizieren mit Tieren, sie nehmen Träume und Visionen todernst – nicht weil sie naiv oder romantisch sind oder einer untergegangenen Zivilisation angehören, sondern weil das innere Erleben überlebensnotwendig ist.

Wir haben unsere Kraft zu träumen weggeworfen, oder scheinbar hinter uns gelassen und mühen uns ab, wissenschaftlich zu beweisen und zu widerlegen, was wissenschaftlich nicht beweisbar ist: Dass wir Zeit zum Träumen brauchen. Wir brauchen innere Kraft.

Wir leben im Zeitalter des Individualismus, noch nie hatte der Einzelne so viel persönliche Freiheit und Selbstbestimmung – aber wir haben das Wesentliche vergessen: uns selbst.

Als Kultur sind wir nicht selbstbestimmt, sondern von Medien und Konsum hypnotisiert, als Kultur sind wir nicht eine Gemeinschaft authentischer unverwechselbarer Individuen, sondern eine gleichgeschaltete von Medien und Marketing gesteuerte Masse. Wir haben keine Diktatoren mehr aber uns selbst haben wir immer noch nicht. Das zeigen uns die Tiere, das zeigt uns die Natur. Wenn wir uns selbst hätten, wären wir glücklich und produktiv, ohne uns und andere zu zerstören.

Wie finde ich mich selbst?

Das ist die entscheidende Frage. Dieses sich finden ist keine intellektuelle Frage, sondern eine Frage der Aufmerksamkeit: Es ist eine Frage des Augenblicks, wie Eckart Tolle in seinem Buch: „Jetzt – die Kraft des Augenblicks" es so eindrücklich darstellt. Im Augenblick, wo ich meine Aufmerksamkeit auf mich selbst richte, nimmt das Tier Kontakt mit mir auf, sieht mich an, als wolle es sagen: Du bist ja da." Diese Erfahrung bringt eine wesentliche, nachhaltige Veränderung im Bewusstsein und im Verhalten der meisten Menschen. Dieses sich selbst Wahrnehmen ist auch ein wesentlicher Schlüssel zum Erreichen eines Ziels. Erfolg oder Scheitern eines Ziels hängen davon ab, wie sehr ich bei mir bin und wie klar mein Ziel ist. Beides muss zusammenkommen.

Verliere ich mich an das Ziel oder verliert das Ziel mich?

Annette kommt jeden Abend aus dem Büro nach Hause und ist vollkommen erledigt. „Wie kann ich das ändern?", fragt sie mich.
Ich frage im Gegenzug: „Wie ist deine Aufmerksamkeit verteilt zwischen dir und deiner Arbeit?"
Sie ist etwas erstaunt über die Frage, dann denkt sie nach. Nicht sehr lange. „Ich bin hundert Prozent bei dem, was ich tue. Das ist das Geheimnis meines Erfolgs."
„Du bist erfolgreich?"
„Ja, das kann man sagen."
„Und du bist abends erledigt."
„Ja."
„Fühlt sich das gut an?"
„Manchmal, wenn mir etwas sehr gelungen ist, fühle ich diese satte, reiche Erschöpfung, aber meistens bin ich nur leer, habe keine Kraft mehr, meine Freunde zu treffen oder irgendetwas zu tun außer dem Allernotwendigsten."
„Kann man sagen: Während des Tages bemerkst du deine Erschöpfung nicht, sondern erst abends?"
„Während des Tages habe ich nicht einmal Hunger. Ich spüre mich nicht, ich treibe mich nur an. Weiter und schneller, das ist mein Mantra."
Annette und ich verabreden, dass ihr I-Phone sie über den Tag verteilt daran erinnert, ihre Aufmerksamkeit auf sich selbst zu richten und sich zu fragen, wie es ihr geht. Dass sie dann jeweils eine kurze Notiz macht. Und dass sie ihrem jeweiligen Bedürfnis nach frischer Luft, nach einem Glas Wasser oder nach dem Beenden eines ausufernden Gesprächs nachkommt. Schon am ersten Abend merkt Annette, dass sie nicht so müde ist wie sonst. Nach einigen Wochen konsequenten Trainings, ist ihr Arbeitsleben entspannter und sie ist nicht weniger erfolgreich, im Gegenteil, ihre Mitarbeiter, Kollegen und Kunden wissen die neue, entspannte Annette sehr zu schätzen.

Eine ähnliche Erfahrung macht Ulrike mit ihren Freundinnen. Sie freut sich auf einen Abend mit anregenden Gesprächen, aber es endet immer damit, dass ihre Freundinnen ihren Frust bei ihr abladen und das, was Ulrike bewegt, nicht zur Sprache kommt. Auch Ulrike verliert sich im Gegenüber.

Anders geht es Carsten, dessen Projekt im Bereich Sprechtraining nicht vorangeht, weil er sich in Selbstzweifeln, in Grübeleien, in Zerstreuungen verliert. „Es fällt mir sehr schwer, mich auf das zu konzentrieren, was vor mir liegt. Es ist als würde mich ein großer Staubsauger wegsaugen. Im Coaching mit Carsten finden wir heraus, dass er die Fähigkeit, bei einer Aufgabe zu bleiben, am besten im Gespräch und in der direkten Zusammenarbeit mit Menschen üben kann. Dort kann er unmittelbar erleben, wann seine Aufmerksamkeit abschweift, denn in diesem Augenblick verliert er auch sein Gegenüber.

Deine Aufgabe

Wie ist deine Aufmerksamkeit verteilt, wenn du dich mit einer zielgerichteten Aufgabe beschäftigst? Ist deine Aufmerksamkeit eher bei dir oder eher bei der Aufgabe oder dem anderen Menschen? Beobachte dich bei einer Tätigkeit und schreibe deine Beobachtung auf.

Die fünfzig – fünfzig Regel

Wenn du ein Ziel erreichen möchtest und dich weder ans Außen noch ans Innen verlieren willst, ist ein ausgesprochen hilfreiches Training die Verteilung deiner Aufmerksamkeit zu beobachten. Die Natur lehrt, dass eine Kooperation nur zustande kommt, wenn du zu gleichen Teilen bei dir und beim anderen bist. Diese Regel ist so fundamental, dass ohne sie nichts möglich ist. Der andere oder die andere muss nicht unbedingt ein Lebewesen sein, es kann auch ein Objekt sein, eine Aufgabe, ein kreatives Projekt. Wir müssen bei uns bleiben, weil wir die Quelle sind und wir müssen unsere Aufmerksamkeit auf das Außen richten, weil sich sonst nichts im Außen ändern kann. Zwei Energien müssen zusammenkommen: Meine und die meines Gegenübers.

Die Natur lehrt uns die Kooperation mit dem Lebendigen

Eine der Tragödien, die wir durch unsere Entfremdung von der Natur erleiden ist, dass wir mehr mit Maschinen arbeiten als mit Lebewesen. Unsere Beziehungsfähigkeiten verkümmern. Wir lernen zu kontrollieren anstatt zu kooperieren. Wir lernen zu vermeiden anstatt zu lieben.

Wir fallen auf uns zurück, kreisen im Orkus unserer inneren Inseln und sind zugleich voll unerfüllter Sehnsucht nach Liebe. Für unsere Vorfahren war die Verbindung, das Zusammenleben mit Tieren, die Anpassung an die natürlichen Rhythmen überlebensnotwendig. Ihre Herausforderung war die Abhängigkeit von Wetter, Hitze, Kälte, Nahrungsangebot. Wir haben die Freiheit, nicht mehr existenziell von der Natur abhängig zu sein, aber wir sind dadurch auch abgeschnitten von ihrer Kraft.

Schritt 4: Das Ziel

Unsere Kooperation mit Maschinen konditioniert uns darauf, alles, was nicht funktioniert, als störend zu empfinden, auszusortieren oder zu reparieren. Wir sind konditioniert darauf, das Lebendige als Bedrohung zu empfinden. Aber nur das Lebendige gibt uns echte Kraft.

Die faszinierende Lehre der Tiere ist, dass wir gebraucht werden, als ganze Menschen, mit allen Sinnen, mit unserem Körper und unserem Bewusstsein. Dass Liebe keine romantische Idee ist, sondern ein Überlebensgesetz des Planeten Erde.

Deine Aufgabe

Was ist dein Ziel?

Am Ende dieses Kapitels möchte ich dich auffordern, ein konkretes Ziel zu benennen. Du hast bereits einen Entwurf gemacht. Gehe bitte dorthin zurück, sieh dir an, was du dort notiert hast. Dann gehe noch einmal zu deinem Ruf. War dein erster Entwurf eines Ziels gut oder möchtest du etwas ändern? Vertraue auf ein Ziel, das ein Glücksgefühl in dir weckt, eine Lust loszugehen, eine Kraft, die in dir geweckt wird, ohne dass du zu viel Anstrengung brauchst. Sei offen für eine ungewöhnliche Lösung.

Das Ziel kann ein äußeres oder inneres Ziel sein. Mit äußerem Ziel meine ich etwas wie: einen Ausbildungsabschluss, eine neue Wohnung finden oder eine neue Liebe. Ein inneres Ziel könnte sein: meine Aufmerksamkeit gleichmäßig verteilen, meinem Ruf mehr Raum einräumen, meinen Blockaden nicht ausweichen.

Schritt 4: Das Ziel

Bitte notiere dein Ziel:

_____

_____

_____

_____

Ich freue mich, dass du diesen Schritt der Reise durchlebt hast. Bitte gehe jetzt zur Übersicht über die Reise am Ende des Buches und trage dein Ziel ein unter Schritt Vier, S. 236.

Jetzt wo wir ein Ziel vor Augen haben, werden wir uns in den nächsten Schritten all den Herausforderungen auf dem Weg zur Verwirklichung stellen, den Dämonen, Zauberern und hilfreichen Geistern.

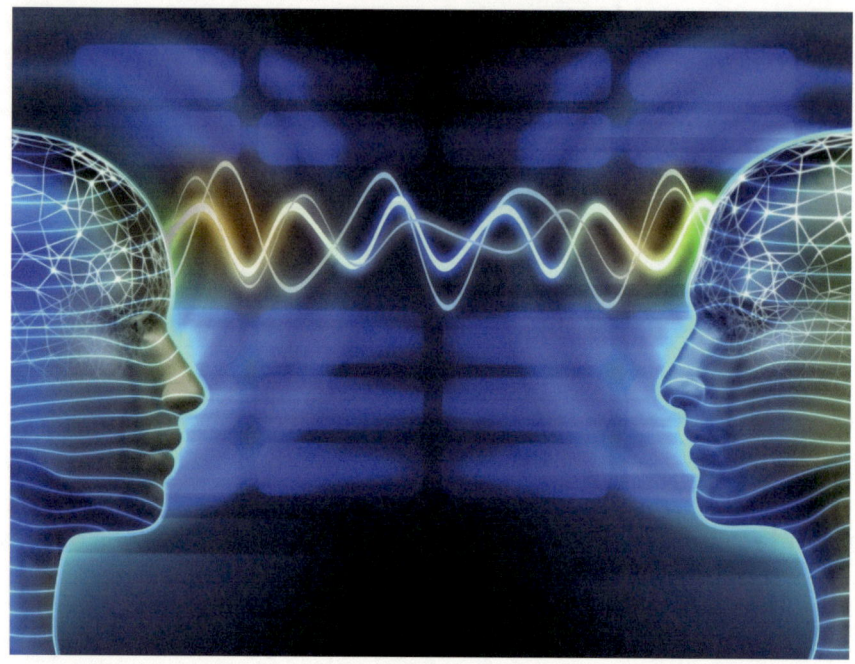

Schritt Fünf: Die Verbindung

Ein Weg der Prüfungen

Das Faszinierende an einem Ziel ist, dass wir jetzt eine Richtung haben. Erst die fokussierte Energie des Ziels erlaubt es uns, unsere Kräfte zu messen, unser Potenzial kennenzulernen. Es genügt nicht, unsere Lebensaufgabe zu kennen oder uns über unsere Gabe bewusst zu sein. Wenn unsere Lebensaufgabe keine Bewegung hervorbringt, ist sie nicht unsere Lebensaufgabe. Die Gesetze der Natur sind ganz einfach. Gibt es Energie oder nicht? Glaube kann Berge versetzen, wenn der Glaube Kraft hat.

Nicht die Erscheinungsform ist wichtig, sondern die Kraft. Wir jedoch sind geblendet von Erscheinungen.

Wir akkumulieren, wir sammeln Energie aus Erscheinungen. In der Menschenwelt können wir uns damit bis zu einem bestimmten Grad behaupten, aber die Feuerprobe kommt, früher oder später. Das Leben führt uns vor, wie viel innere Kraft wir tatsächlich haben. Deshalb ist der Weg des Helden oder der Heldin ein Weg der Prüfungen. Ein Ziel zu haben bedeutet, sich Prüfungen zu stellen.

Manchmal frage ich mich, ob ich als Erfolgstrainerin wirklich eine Chance habe. Ich verspreche niemandem Licht und Liebe für immer und ewig. Ich verspreche niemandem Reichtum und Berühmtheit. Ich kenne keine einfachen, allgemein gültigen Lösungen. Ich bestehe auf Mut zum Scheitern und auf den Willen zur Lebendigkeit. Ich bin zutiefst überzeugt, dass wir uns großen Aufgaben stellen müssen, um über uns hinauszuwachsen. Dass wir nicht über uns hinauswachsen, indem wir nur daran glauben. Wir müssen unsere Überzeugungen im Feuer des Handelns prüfen.

„Die Hölle, das sind die anderen" – und der Himmel auch

„Die Hölle, das sind die anderen", ist ein berühmter Ausspruch des französischen Philosophen Jean Paul Sartre und er drückt aus, was unsere größte Herausforderung auf jedem Weg ist: Wir sind nur ein kleiner Teil eines großen Ganzen. Und wir haben sehr wenig Einfluss auf dieses große Ganze, von dem wir abhängig sind. Das kann uns zur Hölle werden – oder zum Himmel auf Erden. Wir leben in einem weit gespannten Netz von Beziehungen: Es ist unmöglich, sich aus diesem Netz auszuklinken, weil jede Faser unseres Körpers ununterbrochen damit kommuniziert. Entweder gelingt es uns, eine glückliche Beziehung zu all den anderen zu finden, wie die amerikanischen Ureinwohner es ausdrücken in ihrem „Mitakuye Oyasin- alle Wesen sind miteinander verwandt" oder wir landen in der Hölle. Die Geschichten, Legenden, Mythen und die ganz reale Welt um uns herum sind voll von Beispielen, wie Lebewesen sich bekriegen, sich lieben, sich Leben geben und nehmen. Jede Geschichte ist einzigartig. Es gibt allgemeine Gesetzmäßigkeiten, aber letztlich geht es um dich und den anderen, um nie zuvor dagewesene Wesen in nie zuvor dagewesenen Umständen mit nie dagewesenen Erfahrungen. Deine Geschichte mit dem, der oder den anderen und das Ende eurer Geschichte ist unbekannt, weil sie entsteht, während ihr sie lebt.

Triff die Monster, die Retter, die Liebenden

Auf diesem Schritt der Reise wirst du dich darin erproben, Beziehungen zu verschiedenen Charakteren aufzunehmen. Die Art wie du ihnen begegnest, wird einzigartig und individuell sein – darin liegt der ganze Wert der Erfahrung. Die Charaktere, mit denen ich dich bekannt machen werde, sind jedoch Typen, sogenannte Archetypen. Es sind Persönlichkeitstypen, die uns im Leben entgegentreten und die wir selbst als bekannte Identitäten in unserem eigenen Bewusstsein wiederfinden. Wir alle haben das Potenzial zum Monster, Retter, Liebenden und vielen anderen Archetypen in uns. Sie prägen unsere Persönlichkeit, je nachdem, welcher von ihnen das Sagen hat. Die Beschäftigung mit Archetypen ist ebenso faszinierend wie die Struktur der Reise, weil beides Muster sind, die wir nicht erfinden müssen, sondern uns bewusst machen. Weil beides in uns angelegt ist. Weil beides uns Kraft spendet, wenn wir damit in Kontakt kommen: Eine weitere Urkraft, die uns zur Verfügung steht, wenn wir sie gut nutzen, und die uns zum Verhängnis werden kann, wenn wir sie bezwingen und verbiegen wollen.

Schritt 5: Verbindung

Deine Aufgabe

Hast du einen guten Freund oder eine gute Freundin? Dann beschreibe jetzt bitte, was du am meisten an ihm oder ihr schätzt.

_____

_____

_____

Beschreibe jetzt bitte, warum es von unschätzbarem Wert ist, diesen Freund oder diese Freundin zu haben.

_____

_____

_____

Ich werde jetzt noch etwas direkter. Dieser Freund, diese Freundin: Ist das jemand, dem du auch Dinge anvertrauen kannst, die dir weh tun, über die du traurig bist, oder ist das eher ein 'über-Männer-oder-Frauen-lästern-und-mit-der-neuen-Frisur-oder-dem-neuen-Motorrad-Angeben-Freund?' Wem vertraust du deine inneren Höllenfahrten an? Deinem Tagebuch, deinem Rhododendron, deinem Facebook Kumpel in Kasachstan oder deiner besten Freundin, deinem besten Freund?

Wir brauchen ein Gegenüber, wir brauchen jemanden, der uns zuhört, jemanden, der uns sieht. Nur wenn wir gesehen werden, können wir uns selbst sehen. Gibt es jemanden, der dich sieht, wie du bist und den du siehst, wie er ist?

Deine Aufgabe

Bitte versetze dich jetzt in deinen Freund / in deine Freundin hinein und sieh dich selbst mit ihren / seinen Augen. Beschreibe, was aus den Augen deines Freundes / deiner Freundin von unschätzbarem Wert an dir ist:

_____

_____

_____

Vielen Dank! Dies war eine Aufwärmübung für die Aufgaben, die auf dich warten. Das Ziel war, dich in Kontakt mit deiner Beziehungsfähigkeit zu bringen. Als Nächstes möchte ich dich bekannt machen mit der Natur der Charaktere, denen du begegnen wirst.

Archetypen – wie sie funktionieren

Archetypen sind die Bewohner und Bewohnerinnen unserer Seele. Als junge Frau habe ich Philosophie studiert, bis mir bewusst wurde, dass sie nur einen Teil meiner Welterfahrung abdeckt. Ich habe die Grenzen der Philosophie gesucht und die Weisheit der Seele entdeckt. Dort sind mir die Archetypen begegnet, lebendige Figuren, zu denen ich, anders als zu den Theorien der Philosophie lebendige Beziehungen aufnehmen konnte. Ich fing an, meine Träume aufzuzeichnen, wo sich Archetypen mit Vorliebe tummeln. Hier kann man sie bei der Arbeit beobachten.

Als Nächstes lernte ich die Welt der Geschichten kennen. Ich lernte, wie eine Geschichte funktioniert, welche Kräfte in einer Geschichte am Werke sind und welche wichtige Rolle die Arche-

Schritt 5: Verbindung

typen, die Spieler, dabei inne haben. Geschichten sind Modelle des Lebens und wenn man versteht, wie Geschichten funktionieren, versteht man viel besser, wie das Leben gebaut ist. Unser menschliches Bewusstsein kann die Wirklichkeit viel besser in Form einer Geschichte verstehen als in Form einer Theorie. In allen Naturvölkern werden Überlebenswissen und Lebensweisheit in Form von Geschichten weitergegeben. Geschichten nähren unsere Seele, während sie uns wichtige Information vermitteln.

Wir haben einen großen Bedarf an Geschichten, weshalb wir sie in Form von Filmen und Büchern und Erzählungen täglich aufsaugen oder selbst erzählen. Selbst Tiere leben nach dem Muster von Geschichten aus einem einfachen Grund: Eine Geschichte ist ein Prozess. Eine Geschichte ist eingebunden in einen Ablauf, einen Anfang, eine Mitte, ein Ende. Das unterscheidet sie von einer Theorie. Und eine Geschichte hat mit Figuren zu tun, einer Hauptfigur, die die Geschichte erlebt und Figuren, denen sie begegnet. Eine Geschichte ist ein Gefühlserlebnis, unsere Gefühle werden bewegt und bleiben lebendig, wenn wir Geschichten erzählen und erzählt bekommen. Diese Elemente sind auch für unsere Beziehungen zu Tieren und zur Natur wesentlich: In der Natur ist alles Prozess, in der Natur fühlt alles, in der Natur ist alles Beziehung. Mit dem Teilnehmen an Geschichten finden wir nicht nur innere Weisheit, wir trainieren gleichzeitig unsere Fähigkeit, mit der Natur in Verbindung zu sein.

Archetypen folgen Gesetzmäßigkeiten, die überall auf der Welt die gleichen sind. Ich habe verstanden, dass Archetypen in vielerlei Gestalt auftauchen können. Auch Steine, Wasser, Feuer, Erde, Luft oder Engel, Dämonen, Geister, Götter sowie unsere eigenen Fantasiegebilde, alles, was lebendig ist und womit wir in Beziehung treten können, kann ein Gefäß für archetypische Energie sein.

Ich habe begriffen, dass Schamanen durch die Beziehung zu archetypischen Wesen, wie Krafttieren und Geistern heilen können.

Ich habe erkannt, dass Archetypen und die Geschichten, die zu ihnen gehören, Entwicklungshelfer unserer Seele sind. Sie begleiten uns, lassen ihre Geschichte sichtbar werden und machen uns bewusst, wer wir sind, indem sie uns ihre Licht- und Schattenseiten offenbaren.

Archetypen und ihre Geschichten

Wir kennen Archetypen von frühester Kindheit an. Rotkäppchen, Rumpelstilzchen, Aschenputtel oder Rapunzel sind Archetypen, die in unserer Vorstellungswelt einen festen Platz haben. Wir begegnen Archetypen in Tausenden von Filmen, Romanen und Nachrichten: E.T., Mr. Darcy, Lady Gaga, der Terminator, Nelson Mandela, Lady Di, Steve Jobs, Napoleon, Cristiano Ronaldo oder Angela Merkel sind Archetypen unserer Erwachsenenwelt und ständig kommen neue hinzu. Unser Leben und das Leben unserer Mitmenschen ist von ihnen geprägt, weil tief in uns etwas auf sie antwortet. Unsere Seele strebt danach, einen Archetyp nach dem anderen kennenzulernen und seine kreative Kraft zu nutzen.

Im Folgenden möchte ich dich einladen, drei Archetypen zu begegnen: Dem verlorenen Kind, dem Eremiten und dem Gestaltwandler.

Das verlorene Kind

Saskias Bruder war ihr bester Freund gewesen, sie hatte mit ihm zusammengelebt. Er war gestorben, das war drei Jahre her. Saskia konnte nur mühsam laufen und ihre Worte waren schleppend. Seit dem Tod ihres Bruders war sie so verloren, dass sie auch ihr geliebtes Pferd weggegeben hatte, weil sie nicht mehr die Kraft hatte, es zu versorgen. Dem Pferd ging es nicht gut bei den neuen Besitzern, aber sie hatte nicht die Kraft, es zurückzuholen. Vor kurzem hatte man ihr eine gut bezahlte Stelle angeboten. Sie war gekommen, weil sie hoffte, dass die Pferde, oder mein Pferd ihr helfen könnten, wieder Kraft zu gewinnen. Melchior, ein sehr hilfsbereites Pony, sah sie aufmerksam an und öffnete ihr sein Herz. Saskia bemerkte es, ihr Verstand bemerkte es, aber ihr Herz konnte es nicht fühlen.

"Ich spüre einfach keine Verbindung zu dem Pony", sagte Saskia. "Und so ist es mit allem. Ich bin abgeschnitten." Lange blieb sie still. "Ich habe das Gefühl, dass ich immer mehr aus der Welt verschwinde. Eines Morgens werde ich aufwachen und nicht mehr da sein ... Einfach, weil niemand da ist für mich."

Ich brachte Simone zusammen mit Ankor, einem etwas dreisten Wallach, der Menschen, die nicht präsent waren, gerne herumschubste. Anstatt sie herumzuschubsen, stand Ankor neben Saskia und schien völlig ratlos. Wir versuchten es mit meiner Stute Tinnia, die sehr fürsorglich sein kann. Tinnia war verärgert, sie kräuselte die Nüstern. Keines der Pferde wollte die fürsorgliche, mütterliche Rolle einnehmen, nach der Saskia sich so sehnte.

Der Weg beginnt mit dem verlorenen Kind

Wenn wir uns auf den spirituellen Weg begeben, treffen wir früher oder später auf das verlorene Kind. Bevor das göttliche Kind in uns Kraft gewinnen kann, müssen wir dem verlorenen Kind in uns begegnen. Wir waren einmal göttliche Kinder, in einer nicht so göttlichen Welt. Das reine, unschuldige Kind ist immer noch da, begraben unter einer dicken Schicht von Überlebensstrategien, die wir entwickelt haben, um uns der Welt, in der wir leben, anzupassen. Dann passiert etwas, wie der Tod von Saskias Bruder, das unseren Überlebenswillen schwächt, wir kehren zurück in das Bewusstsein des verlorenen Kindes. Wir erkennen, dass unsere Überlebensmuster uns nicht tragen, aber wir haben auch nichts anderes zur Verfügung. Wir suchen nach etwas, das uns

Kraft gibt, aber wir finden nichts. Wann immer wir nach etwas greifen, das wie ein Halt aussieht, zerrinnt es uns unter den Händen. Da ist es besser, ausgeliefert und schutzlos zu sein. Darin, das spüren wir intuitiv, liegt eine Chance. Die Pferde konnten Saskia nicht aus ihrer Situation hinaus helfen, aber sie konnten sie ihr bewusst machen. Das ist der erste Schritt: die tiefe Akzeptanz.

Das Tor steht offen, aber wir gehen nicht hinaus in die Freiheit

Das verlorene Kind sucht nach einer Macht, die es beschützt, nach einem Vater, einer Mutter, einem Gott, einer Göttin, einem Staat, einer Regierung, einer Firma, einem Mann oder einer Frau, einem Pferd, einem Freund ... Diese Beziehungen sind wichtig und sinnvoll, und vorübergehend. Bis das Kind stark genug ist, um sich selbst zu halten und anfängt, seine Unabhängigkeit zu suchen. Das ist die natürliche Entwicklung. Aber manchmal bleiben wir, ohne dass es uns bewusst ist, im Archetyp des abhängigen Kindes stecken. Obwohl die Tür zu einem neuen, selbstbestimmten Leben offensteht, wie Saskias attraktives Stellenangebot, haben wir nicht die Kraft vorwärts zu gehen.

Wir können die Kraft zu einem selbstbestimmten Leben erst finden, wenn wir den Schmerz des verlorenen Kindes durchlebt haben. Im Feuer dieses Schmerzes verbrennen unsere Krücken.

Es scheint, als ob wir alles verlieren. Es gibt keinen Halt. Es scheint, als ob wir verschwinden, immer weniger werden und schließlich nichts mehr sind. Wer wir glaubten zu sein, was wir glaubten zu wissen, woran wir glaubten zu glauben, entpuppt sich als Illusion. Es ist ein beängstigender Vorgang und doch spürt etwas in uns, vielleicht nur in Sekundenbruchteilen, dass

dies der einzige Ausweg ist.
„Die Pferde antworten nicht auf mich, weil nicht mehr viel von mir da ist." Das konnte Saskia erkennen. Im selben Augenblick flackerte das Auge meiner Stute Tinnia auf, Ankor blickte nicht nur ratlos, sondern neugierig zu Saskia hinüber. Es kostete sie sehr viel Kraft, zu sprechen, aber was sie sagte, war unverstellt, die nackte, schmerzvolle Wahrheit. Tiere können großartige Spiegel unserer Kraft sein, aber wenn wir verloren sind, fühlt sich auch die Verbindung zu ihnen wie abgeschnitten an. Wir haben uns selbst verloren, jenen Teil in uns, der uns trägt. Wenn wir unsere Aufmerksamkeit auf jene kleinen Augenblicke lenken, in denen wir eine Verbindung zu der Welt um uns herum finden, wenn wir uns daran festhalten, dann können wir, Schritt für Schritt, den Weg wiederfinden.

Die Natur unterstützt uns, die äußere und unsere innere, auch wenn wir ein verlorenes Kind sind. Wir müssen nur bei dem bleiben, was wir sind, auch wenn es nur noch ganz wenig ist. Auch wenn der Schmerz überwältigend ist. Wir müssen hinter die falschen Selbstbilder gelangen. Und dazu gehört auch unser Glaube, dass alles verloren ist. Es ist nie alles verloren.

Als wir uns verabschiedeten, sagte mir Saskia, dass ihr Bruder ihr eine Schildkröte in Gestalt eines kleinen Steins hinterlassen habe, die habe er ihr vor seinem Tod in die Hand gedrückt. Jetzt verstünde sie warum. "Es gibt einen Weg", sagte sie, „auch wenn er sehr – sehr langsam ist."

Innere und äußere Macht

Wir alle geben uns gern höheren Mächten hin, die uns Entscheidungen und Verantwortung abnehmen. Wir leben gern in einer magischen Welt, in der um uns herum gezaubert wird. Eine magische Welt, in der wir beschützte Kinder sind, denen die Götter Goldtaler zuwerfen. Unsere Illusionen werden uns immer wieder auf das verlorene Kind zurückwerfen. Solange wir uns einer äußeren Macht unterwerfen, besitzen wir nur geliehene Macht, geliehenes Selbstbewusstsein, bleiben wir verlorene Kinder. Und wir wissen es. Unsere innere Macht kann nur in dem Maß wachsen, in dem wir unabhängig werden von allem, bei dem wir Schutz suchen.

Unsere innere Macht wächst in der Stille, in der Abwesenheit, in der Leere. In genau jener Leere, in die das verlorene Kind uns führt.

In der Leere eines stillen, unendlichen Universums, in dem wir WIR sind, nichts als wir selbst. Dort begegnen wir dem Göttlichen, dem Universellen, aber es hat keine Gestalt, es hat keinen Namen, wir sehen es nicht und doch spüren wir seine Anwesenheit. Reine Anwesenheit. Die Begegnung mit der Natur ist immer eine Einladung in die Stille. In ein Sein jenseits der Illusionen. Dorthin zu gehen fühlt sich an wie Sterben, aber auch das ist eine Illusion. Es stirbt nur jener abhängige Teil von uns, das verlorene Kind, das Schutz sucht, aber auch weiß, dass es den wahren Schutz nur in sich selbst findet. An die Stelle des äußeren Schutzes, tritt ein unsichtbarer innerer Schutz. In Kontakt zu kommen mit dem inneren Kind ist schmerzhaft, aber es ist auch heilsam.

Deine Aufgabe

Auf dem Weg zur Verwirklichung deines Ziels wird dir das verlorene Kind begegnen. Du erkennst es daran, dass dein Verstand nur noch sehr langsam arbeitet und die einfachsten Zusammenhänge nicht mehr erkennt. Dann arbeitet er plötzlich wieder ganz schnell, aber das sind nur abgetragene Kleider, kommt es

Schritt 5: Verbindung

dir vor. Du willst nur noch schlafen, ruhen, dich in dich zusammenrollen, in Ruhe gelassen werden, keine Fragen mehr stellen, keine Antworten mehr bekommen.

Bitte beschreibe eine Situation aus deinem aktuellen Leben oder aus der Vergangenheit, wo du dich hilflos und schwach gefühlt hast und nach Schutz gesucht hast. Was ist passiert? Wie hast du dich verhalten? Wähle eine Situation aus und beschreibe sie. Suche noch nicht nach einer Lösung. Deine Aufgabe ist zunächst, dich wie ein verlorenes Kind zu fühlen und dies ganz zu akzeptieren.

Das verlorene Kind in mir:

_____

_____

_____

Der Eremit: roh und ungeschützt

Inzwischen hast du wohl verstanden, dass es auf dieser Reise nicht darum geht, stark und unbeugsam zu sein, sondern den Mut zu haben, auf dem Boden unserer Schwäche anzukommen. Falls du anfängst vom Fallen zu träumen, falls du im Traum von Klippen stürzt oder Abhänge hinunterrutschst, begrüße deine Seele, die dir den Weg zeigt. Du willst nach unten, nicht nach oben. Nach oben kommst du von selbst, wenn du den Mut hast, loszulassen und dich tragen zu lassen.

Als Nächstes lade ich dich ein, die Höhle des Eremiten zu betreten. In der Höhle des Eremiten kommt deine Reise zu einem Stillstand. Eine Aktivität ist nicht möglich. Deine Visionen haben sich in Luft aufgelöst.

Volkers gescheiterte Vision

Volker hatte sich selbständig gemacht mit einer großen Vision: Spirituelle Reisen zu besonderen Kraftorten auf verschiedenen Kontinenten, Orte, mit denen er persönlich tief verbunden war. Ein Konkurrent, ein ehemaliger Kunde, hatte seine Geschäftsidee kopiert und Volkers Ruf beschädigt durch eine Rufmordkampagne im Internet. Schlimmer noch als der finanzielle Verlust war die Erfahrung, dass eine so reine Idee so beschmutzt werden konnte. In Volkers Vision sollte eine Verbindung entstehen zwischen diesen verschiedenen Orten, es sollte Heilung entstehen für Mensch und Natur. Seine Vision war verloren gegangen. Etwas Neues war nicht in Sicht. Das alte Leben, das mit der Vision verbunden war, war zerfallen.

„So roh und verlassen, wie ich mich fühle, kann ich mich der Welt nicht aussetzen", sagte er zu mir. „Meine Intuition ist sehr gut, meist verstehe ich auf vielen Ebenen, was geschieht, ich sehe die Zusammenhänge, ich sehe, wie meine Außenwelt meine Innenwelt spiegelt. Bei dieser Erfahrung kann ich das nicht. In dieser Geschichte finde ich mein tiefes Selbst nicht wieder. Volker zog sich, zusammen mit seiner Hündin Dana, in eine Hütte in den Pyrenäen zurück. Einmal in der Woche fuhr er ins Tal und skypte mit mir in einem Internet-Café. Er wünschte sich eine neutrale Person, die ihm als Spiegel dienen sollte.

„Was tut meine Hündin, während ich in meiner Einsamkeit meine Wunden lecke?", sagte er nach zwei Wochen. „Sie hat sich verliebt. In den acht Jahren, in denen sie bei mir ist, habe ich sie nicht so erlebt. Sie hat einen engen Freund, aber nun hat sie einen Liebhaber. Vor ein paar Tagen hat sie mich zu ihm geführt. Ich wurde Zeuge einer ergreifenden Liebesszene, wie ich sie nie zuvor gesehen habe. Ich erkannte Dana nicht wieder. Immer war sie ein distanzierter Hund, eine Einzelgängerin gewesen – und nun war sie leidenschaftlich verliebt. Während ich ... einen Tod nach dem anderen sterbe ..." Eine Weile herrscht Stille in der Leitung. „Hier in meiner Höhle des Eremiten gibt es nur eine

Wahrheit: Ich bin verletzbar und wir sind eine verletzbare Spezies. Die Erde ist ein verletzbarer Planet, bevölkert von verletzbaren Wesen."
Wieder Stille. "Und die Verletztheit ist das Tor zur Liebe."
Wieder Stille. Seine Stimme ist gebrochen. "Wir leben auf einem Planeten der Liebe und wir sind hier, um diese Liebe zu erfahren. Auch wenn ich gerade etwas ganz anderes erlebt habe. Das ist meine tiefste Überzeugung. Ich frage mich, ob Danas Verliebtheit mich darauf aufmerksam machen soll. Es widerstrebt mir, Zusammenhänge zu konstruieren, als wäre Dana nur dazu da, meine Verletzbarkeiten zu spiegeln. Sie hat ihr eigenes Leben, unabhängig von mir. Und doch gibt es diese innige Verwobenheit. Jeder von uns hat seinen Weg und doch spinnen sich unsichtbare Fäden zwischen ihr und mir. Nicht nur sie spiegelt mich, sondern ich spiegle sie. Wir gehen unseren Weg zusammen."

In der Höhle des Eremiten finden wir die Stille und Leere, um den Austausch der reinen Energien wahrzunehmen, der in der Natur stattfindet. Wir erfahren die Geschichten, die uns die Natur erzählt. Sie ähneln den Geschichten, die in den Mythen erzählt werden, denn dort haben die Menschen sie gefunden: in der Natur. Die Geschichten der Natur erzählen von Transformation. Ein Schmerz strebt nach Auflösung und findet die Auflösung in der Verwandlung. Dieses Geheimnis finden wir in der Höhle.

Deine Aufgabe

Wie in der Aufgabe mit dem verloren Kind, erinnere dich bitte an eine Situation in deinem Leben, in der du dich aus dem Lärm des Alltags zurückgezogen und in der Natur eine tiefe Weisheit gefunden hast. Was war der Anlass für deinen Rückzug und welche Wandlung hast du erfahren? Die Natur kann ein Ort sein, den du auf einer Reise kennengelernt hast oder auch der Schrebergarten deiner Freundin. Natur findest du überall, auch wenn du in einer großen Stadt lebst. Vielleicht ist es auch der Sonnenuntergang.

Die Weisheit meines Eremiten:

_____

_____

_____

_____

Die Tiermedizin der Naturvölker

Unsere Vorfahren haben eng mit Tieren zusammengelebt. Tiere waren für sie Nahrungsquelle, Nahrungskonkurrenten, Freunde, Bedrohung, Beschützer, Helfer. Jenseits dieser offensichtlichen Beziehungen waren Tiere auch geistige Führer, Quelle der Inspiration und der Heilung. Das drückt sich heute noch aus in mythischen Gestalten wie Pegasus, dem geflügelten Pferd oder dem Zentaurus, einer Gestalt, halb Mensch, halb Tier, das unsere Fantasyfilme bevölkert. Darin erkennen wir etwas, das nur mit unserem inneren Auge sichtbar ist. Viele Menschen, das habe ich erlebt, können diese Qualität intuitiv wahrnehmen. In ihrem Kartenset „Karten der Kraft" haben David Carson und Jamie Sams das Wissen der amerikanischen Ureinwohner über diese verborgene Tiermedizin eingefangen. Um den Zugang dazu zu finden, brauchen wir die Leere und Stille der Eremitenhöhle. Dazu müssen wir nicht in die Pyrenäen reisen oder den Himalaya besteigen. Wir können so eine Höhle auch in uns selbst schaffen, egal an welchem Ort wir uns befinden.

Ein eindrückliches Eremiten-Erlebnis widerfuhr mir mit einem Dachs in den schottischen Highlands. Es zeigt, wie die Tierkraft sich auf der Seelenebene manifestiert und wie Innen- und Außenwelt zusammen spielen.

Der Dachs – setze klare Grenzen

In einer Meditation im Garten eines schottischen Schlosses, das als Hostel diente und in dem ich mit meiner Familie übernachtete, ließ ich meine Gedanken frei ziehen und erlaubte allem, sich zu zeigen. Ich sah ganz deutlich einen Dachs vor meinem inneren Auge. Ich war überrascht, denn ich hatte weder an dieses Tier gedacht, noch hatte ich je mit einem Dachs zu tun gehabt. Am Nachmittag desselben Tages sah ich einen toten Dachs am linken Fahrbandrand einer Straße liegen. In den folgenden Tagen entdeckte ich Dachse auf Gemälden und Zeichnungen in den schottischen Schlössern, die wir besuchten. Die einsame Natur der Highlands und der Inseln vor der schottischen Küste waren meine Eremiten-Höhle, das spürte ich deutlich und der Dachs war erschienen, um mir etwas mitzuteilen. Nur was? In meiner Meditation hatte er sich als angriffslustig und aggressiv gezeigt. Mir wurde bewusst, dass ich in Gedanken häufig beschäftigt war mit einem Konflikt, in dem ich mich ohnmächtig gegenüber meiner Geschäftspartnerin fühlte. Eine starke Stimme in mir verlangte, mich ganz zu trennen. Dazu konnte ich mich nicht durchringen, denn die Konsequenzen waren zu groß. Ich drehte mich im Kreis.

Der Eremit hat Zugang zu allen seinen Kräften

Auf einer Wanderung stolperte ich über eine Wurzel und plötzlich kam meine Wut zum Vorschein, Wut auf mich selbst, Wut auf die Geschäftspartnerin, Wut auf die Wurzeln, den Wald, auf

Schritt 5: Verbindung

denjenigen, der die Idee gehabt hatte, diese blödsinnige Wanderung zu machen (es war ich gewesen, was ich aber vorübergehend vergessen hatte). Auf einmal fühlte ich mich wie aus einem betäubenden Traum aufgewacht. Die Wut, die bislang außerhalb von mir gewesen war, war jetzt in mir und ich war wieder ganz. Oder: Ich wurde wieder ganz. Zurück in meiner Höhle der Meditation konnte ich fühlen, wie mein Körper sich in ein großes Kraftwerk verwandelte und alles an den rechten Platz rückte.

Ob es Chakrenenergie ist, physische Kraft oder emotionale Kraft, der Eremit heilt sich selbst, indem er den Zugang zu seiner Ganzheit wiederfindet. Heilung in der Höhle bedeutet, alle Kräfte wiederzufinden und sich über das neue Gleichgewicht bewusst zu werden, in das die verschiedenen Anteile getreten sind. Der Rückzug in die Höhle wird ausgelöst durch einen äußeren Schock oder einen inneren Erdrutsch. Dieser kann plötzlich ausgelöst sein oder es kann ein schleichender Prozess sein, der an einen kritischen Punkt gelangt. Eine Art Initiation wird in Gang gesetzt. Wir werden – langsam oder schnell – in Stücke zerteilt, zerrissen, aufgelöst und neu zusammengesetzt. In einer Initiation müssen wir uns jeden Teil unserer Selbst neu anschauen, wir dürfen keinen übersehen. Denn gerade in dem Teil, den wir übersehen haben, kann die Ursache stecken und die Lösung zu finden sein. Dazu müssen wir keine Chakrensysteme studieren. Wenn wir der inneren Wahrnehmung genügend Raum geben, wird sie das Ungleichgewicht selbst ausfindig machen und einen Weg finden, uns darauf aufmerksam zu machen, wie in meinem Fall die Begegnung mit dem Dachs.

In der Natur sind Verbindungen darauf ausgerichtet, Balance zu schaffen, Ganzheit wieder herzustellen, Lösung und Flow zu bringen.

Nur wenn wir diese Grundhaltung verstehen, können wir verstehe, wie die Natur kommuniziert. Die Natur will uns nicht schaden, die Natur ist nicht feindlich. Unsere Haltung und unser Umgang mit ihr macht sie feindlich, lässt sie feindlich aussehen. Verbindungen mit Tieren, Pflanzen, Steinen sind stets auf das beiderseitige Wohlsein ausgerichtet. Das lässt uns die Natur manchmal fremd erscheinen. Weil unsere Verbindungen und unser Umgang mit uns selbst zwar grundsätzlich ebenfalls auf Wohlsein ausgerichtet sind, wir aber oft im Unwohlsein steckenbleiben und sicher sind, dass wir damit recht haben.

Es dauert so lange wie es dauert.

Die Natur hat keine therapeutische oder heilerische Ausbildung und doch verkörpert sie das, wonach Heiler, Therapeuten und Schamanen streben: direkte Kommunikation, die auf Heilung ausgerichtet ist. Ein Grund, warum tiergestützte Therapie und Persönlichkeitsentwicklung, ob mit Delfinen, Hunden, Pferden oder Lamas ein großer Wachstumsbereich sind. Die Natur heilt immer. Und die Heilung dauert so lange wie sie dauert. Wie lange wir in der Höhle bleiben müssen, wird durch den Prozess bestimmt, der uns hineingebracht hat. Wir können ihn nicht kontrollieren, aber darauf vertrauen, dass etwas in uns das richtige Timing kennt. "Der Dachs macht die Arbeit bis zum Ende. Seine Gewissheit ist eine Quelle der Kraft", schreiben David Carson und Jamie Sams.

Gegen Ende des Urlaubs sah ich wieder einen Dachs, am Fahrbahnrand, aber diesmal war er lebendig. Er tauchte kurz auf und verschwand im Gebüsch. Da wusste ich, dass ich mich von meiner Geschäftspartnerin trennen musste und inzwischen war ich auch innerlich dazu bereit. Wie bei allen Entscheidungen, in denen die Natur und die Tiere mir starke Signale gaben, habe ich sie nie bereut. Im Nachhinein habe ich oft erkannt, dass ich diese Entscheidungen nicht ohne diese Art von äußerer Hilfe hätte treffen können. Um ein klares Bild zu gewinnen, brauchte ich das Bewusstsein einer größeren, ganz und gar wohlwollenden Intelligenz. Die Sprache der Tiere und der Natur zu verstehen und wahrzunehmen hat mir eine Kraft und Weisheit verliehen, die ich nirgendwo sonst gefunden habe und die mich unendlich bereichert. Es ist eine Intelligenz und Weisheit der Erfahrung und der Kommunikation. Sie trägt mich über die Grenzen unserer Zivilisation hinaus in die Wildnis, die auch in mir, die in uns allen, weiterlebt. Ich kann heute sagen, dass dies die größte Entdeckung meines Lebens ist.

Non-verbale Kommunikation

Kommunikation mit der Natur und den Tieren geschieht nonverbal. Das macht sie so ungewohnt für uns. Wenn man jedoch davon ausgeht, was vielfältige wissenschaftliche Untersuchungen zeigen, dass auch unsere menschliche Kommunikation zu großen Teilen nonverbal ist, liegt hier ein großes Feld ungenutzter Möglichkeiten. Dies unterrichte ich seit vielen Jahren. Im Vergleich zu bekannten spirituellen Konzepten fällt mir dabei auf, dass die Prozesse in der Natur zwar wie alle spirituellen Konzepte auf Heilung, Glück, inneren Frieden und Liebe ausgerichtet sind. In der Natur spielt jedoch die aggressive Kraft der Selbstbehauptung eine Rolle, die in vielen spirituellen Konzepten vernachlässigt wird. In der Natur geht es nicht darum, Aggression zu überwinden, sondern energetisch klar mit ihr umzugehen.

In der Natur geht es nicht in erster Linie darum, widerstandslos und durchlässig zu werden, sich hinzugeben und eins zu werden mit allem, was ist. In der Natur geht es zuerst darum, sich zu behaupten, seinen Raum einzunehmen, sein Überleben zu sichern, seine Kraft zu leben.

In der Natur geht es auch nicht allein um das Recht des Stärkeren, wie wir es in einer einseitigen Interpretation des Darwinismus gelernt haben. Die Natur führt keine zerstörerischen Kriege, in der Natur existiert ein energetisch präzises Spiel der Kräfte.

Dies ist eine der wichtigsten Fähigkeiten, die wir wieder in uns aktivieren können und die Basis der non-verbalen Kommunikation, sozusagen der Einsteiger-Test.

Dachs-Kraft

Die aggressive Kraft des Dachses aktivierte genau jenen Schutz, aus dem die Wände meiner Eremitenhöhle gebaut waren. Wir brauchen Kraft und Selbstbehauptung, um uns sicher in die innere und äußere Wildnis begeben zu können. Je stärker wir sind, umso mehr innere Verletzbarkeit können wir uns bewusst machen. Eine innere Reise verlangt und nährt innere Kraft, eine unsichtbare Kraft, die uns Schutz bietet wie eine innere Höhle aus Fels. Das ist der wahre Gewinn einer inneren Reise. Diese Kraft wird in alles ausstrahlen, was wir tun und sind. Diese Urkraft ist eine innere Standhaftigkeit, die in keinem Moment behauptet ist, eine Kraft, die uns nicht durch andere verliehen wird, nicht durch Titel oder Vermögen, sondern durch Bewusstseinskraft, durch Wahrnehmungskraft und die Kraft, Grenzen wahrzunehmen und durchzusetzen – auch gegenüber uns selbst.

Energetische Wahrnehmung ist der Schlüssel zur Verbindung

Es ist nicht ganz leicht, wie ich es hier versuche, das Non-verbale in Worte zu fassen. Letztlich überzeugend kann nur die Erfahrung sein. Was Worte leisten können, ist, unsere Überzeugungen zu hinterfragen, Überzeugungen, Bilder und Glaubenssätze, auf denen unser Handeln beruht.

Ein Beispiel: Höflich sein oder wohlwollend?

Die wohl gravierendste Entmachtung, der die meisten von uns zum Opfer fallen, ist das Gebot, höflich zu sein. Dazu werden wir erzogen. Es macht uns aber nicht höflich, sondern passiv aggressiv. Die Art von Höflichkeit, zu der wir erzogen werden, verlangt ein nachhaltiges Training, in dem uns unsere natürlichen Reaktionen abtrainiert werden. Unsere natürlichen Impulse werden abgetötet, unsere natürliche Lebensenergie geschwächt. Unsere Höflichkeitserziehung macht uns krank. Warum machen wir mit? Was stellt sie uns in Aussicht? Liebe. Wir machen mit, weil wir Liebe brauchen. Was wir bekommen ist jedoch nicht die Liebe, die uns nährt und heilt, sondern eine Liebe, die mit viel Kleingedrucktem versehen ist. Die Liebesverträge, die wir, im zarten Kindesalter, unterschreiben, sind das, was man als Knebelvertrag bezeichnet. Erst später wird uns klar, dass wir da nicht so leicht wieder herauskommen. Wir benehmen uns auf eine bestimmte Weise, wir sehen die Welt auf eine bestimmte Weise, damit wir von anderen geliebt und anerkannt werden. Das Tragische ist nur, wir werden nicht geliebt und auch nicht anerkannt. Wir werden bekämpft, angefeindet, beneidet, ignoriert, abgeurteilt, zurückgewiesen oder belächelt. Das kann auch gar nicht anders sein, denn wir haben selbst nicht geliebt, sondern wir haben uns nur angepasst. Wir haben alles richtig gemacht, genau so, wie es von uns verlangt wurde und wie es vorgelebt wurde. Das Ergebnis ist, dass wir uns ohnmächtig fühlen.

Einem Tier gegenüber muss man nicht höflich sein. Ein Tier unterscheidet unbestechlich zwischen Liebe und Zwang.

Wir verwechseln Verbindung und Liebe damit, dass wir uns für andere aufopfern, uns selbst negieren. Wir werfen dem anderen uns selbst vor die Füße, um eins mit ihm zu sein. Wir tun alles für ihn, wir passen uns an, halten uns an die Regeln oder wir spielen unsere Rollen, während sich ein Großteil von uns verabschiedet

hat und in verwirrten inneren Welten unterwegs ist.
Das andere Extrem ist, dass uns andere egal sind, dass wir gleichgültig, unbeteiligt sind, dass nichts zu uns durchdringt, was der andere aussendet, dass wir in uns selbst kreisen, uns nichts erreicht oder berührt oder dass wir andere aggressiv zurückweisen, bekämpfen oder vor ihnen davonlaufen.

Beides sind Auswüchse einer Erziehung, die uns nicht beigebracht, zu unterscheiden, wann wir Stopp sagen müssen und wann Go. Die Entscheidung für Stopp oder Go ist eine Augenblicksentscheidung. Für unsere Vorfahren entschied sie oft über Leben und Tod. Kraft gewinnen wir, wenn wir in jedem Sekundenbruchteil ein klares Bewusstsein über unsere innere Verfassung haben, wenn nicht ein antrainiertes Verhaltensmuster, sondern unsere körperliche und emotionale Präsenz die Signale geben.

Wir alle kamen mit diesem angeborenen Wissen auf die Welt und wir können es zurückgewinnen. Eine Verbindung, die nicht auf konditioniertem Verhalten beruht, sondern auf echter Präsenz und der Wahrnehmung der Energie, die uns zur Verfügung steht. Nur in dieser Klarheit ist eine Verbindung überhaupt möglich. Alles andere führt zu Irritation, Spannung und Verstrickung. Ich möchte an dieser Stelle sagen, dass dies keine leichte Aufgabe ist, eben, weil wir es so gründlich verlernt haben, dass sich der Weg aber in jeder Hinsicht lohnt, mehr noch, dass es der einzig gangbare Weg ist, wenn wir unsere Gesundheit und die Liebe wiedergewinnen wollen.

Die Sprache unseres Körpers

Unser Körper gibt uns klare Zeichen, was die Wahrnehmung der energetischen Räume betrifft, in denen wir uns befinden. Das können physische Räume sein: Jemand tritt uns zu nahe. Das können emotionale Räume sein: Jemand überwältigt uns emotional. Das können gedankliche Räume sein: Wir werden mit Gedanken konfrontiert, die uns den Halt verlieren lassen. Es können auch spirituelle Räume sein: Unser Bewusstsein wird überwältigt oder das, was wir zutiefst glauben, wird in Frage gestellt.

Wenn uns etwas zu nahe kommt, überfordert oder überwältigt, reagieren wir mit Anspannung. Das zeigt sich in vielfältigen körperlichen Reaktionen, die meist sehr subtil sind: durch einen Druck im Magen, durch Kopfschmerzen, durch einen angespannten Nacken, angehaltenen Atem, durch Flucht - oder Kampfimpulse. Weil die Zeichen so fein sind, haben wir verlernt, sie wahrzunehmen und wir haben verlernt, ihnen zu folgen, aber wir können sie durch Ausrichtung unserer Aufmerksamkeit auf den Körper wahrnehmen und wir können lernen, unseren natürlichen Impulsen zu folgen.

Mella liebt alle

Sie ist achtunddreißig Jahre alt und strahlt aus jeder Pore. „Ich könnte die ganze Welt umarmen" scheint auf ihrer Stirn zu stehen. Und das sagt sie auch, als wir mit der Übung „Energetische Räume wahrnehmen" beginnen. Die Aufgabe ist einfach: Ein Mensch nähert sich einem anderen über eine größere Distanz hinweg an. Beide achten auf non-verbale Signale des Körpers und auf eine unsichtbare, aber spürbare Wahrnehmung von Energie. Mella scheint keinen eigenen Raum zu benötigen. „Du kannst kommen", sagt sie zu der anderen Person. Diese ist bald so nah, dass Mella sie umarmt. Beide scheinen sich pudelwohl zu fühlen. Bis Josephine sagt, dass sie ein unbestimmtes Unwohlsein verspürt. „Es ist mir sehr unangenehm, das zu sagen und es hat sicher mit mir zu tun, aber ..."

„Aber?"

„Mella hat mich so freundlich eingeladen, aber ich wollte nicht näher kommen und das verstehe ich nicht."

Ich bitte Josephine noch einmal auf Mella zuzugehen, diesmal mit geschlossenen Augen und stehenzubleiben, sobald sie so

Schritt 5: Verbindung

etwas wie eine unsichtbare Wand fühlt. Sie bleibt stehen, just in dem Moment als Mellas Gesicht sich zu einem Lächeln verzieht.

„Was passiert, wenn du lächelst?", frage ich Mella.

„Es ist ein Reflex."

Diesmal bitte ich Mella die Augen zu schließen, während Josephine sich annähert. Mella soll einen energetischen Impuls spüren. Ihre Aufgabe ist, zu beobachten, wie ihr Körper reagiert, ohne dass sie eine gedankliche Absicht hat. Wieder lächelt sie, als Josephine denselben Abstand erreicht wie beim vorherigen Mal, diesmal, ohne etwas gesehen zu haben.

„Lächeln ist meine Reaktion, wenn jemand eine Schwelle der Nähe bei mir berührt", sagt sie.

Später unterhalten wir uns darüber, dass Mella zwar viele Freunde hat, „aber niemand ist mir wirklich nahe. Es ist als hätte ich einen unsichtbaren Kokon um mich herum. Sobald eine Beziehung intimer wird, ziehe ich mich zurück oder der andere geht." Im Barockreitzentrum Heimsheim, wo ich häufig arbeite, gibt es ein Pony namens Snow, ein wirklich phänomenales kleines Wesen. Snow hat die Gabe auf jeden zuzugehen, jeden anzunehmen mit überfließender Liebe. Gleichzeitig versteht es Snow, ihren Raum zu wahren. Sie fühlt sich angezogen von Liebe, aber lässt sich nicht ein auf Manipulation oder unbewusste Zurückweisung. Ihre Gabe ist stattdessen, in jedem die authentische Liebe sichtbar zu machen.

Ich möchte Mella mit Snow zusammenbringen. Und tatsächlich, Snow zeigt Mella durch feines Ohrenanlegen und andere Anzeichen der Anspannung, wann Mellas „Liebe für jeden und alle" ein antrainiertes Verhalten ist, das sich in einem reflexhaften Lächeln äußert. In diesem Fall sendet Mella eine doppelte Botschaft: Das Lächeln signalisiert ihrem Gegenüber näherzukommen, während eine subtile Spannung das Gegenüber nonverbal auf Abstand hält. Die Ponystute Snow zeigt Mella auch, wann ihre Gefühle authentisch sind und wie es sich anfühlt in echter Liebe verbunden zu sein. Wenn Mella lernt, dies besser zu unterscheiden, werden auch ihre Beziehungen klarer werden.

Fließende Grenzen für fließende Beziehungen

In unserer Menschenwelt haben wir viele Grenzen errichtet, Ländergrenzen, Zäune, Pforten, Hierarchien und Gewohnheiten. Auch Tiere wachen über ihr Territorium. In der Natur stehen die Grenzen jedoch in jedem Augenblick zur Disposition, sie werden stets neu verhandelt. Das dient nicht nur dem Überleben des Stärksten, sondern auch dem Überleben des Liebesfähigsten. Selbstverständlich kann niemand uns Menschen davon abhalten, uns zusammen zu tun und überwindliche Mauern oder unbesiegbare Reiche zu errichten. Der Preis ist jedoch, wenn wir keine fließenden Grenzen mehr haben, haben wir auch keine fließende Liebe mehr. Dann entwickeln wir alle Arten von Verhalten, das wie Liebe aussieht, aber bei genauem Hinsehen eine Dominanz- oder Abwehrgeste darstellt. Etwas in uns revoltiert dagegen und schließlich fallen die Reiche in sich zusammen und wir machen uns wieder auf die Suche nach authentischer Verbindung. Wir kehren zurück zur Natur.

Deine Aufgabe

Rufe dir eine Beziehung vor dein inneres Auge, die spannungsgeladen ist, die dich innerlich beschäftigt. Richte deine Aufmerksamkeit jetzt auf deinen Körper und frage dich: Wie empfindest du den Abstand zwischen dir und dieser Person? Als zu nah, zu weit oder richtig? Wenn der Abstand zu nah oder zu weit ist, stelle dir vor, die Person wäre näher oder weiter entfernt. Welcher Abstand fühlt sich richtig an? Mit welchem Abstand fühlst du dich wohl? Wie oft möchtest du die Person sehen, wie lange und wie nah soll sie dir dabei sein, damit du dich wohl fühlst. Achte auch die Reaktion deines Körpers und die inneren Bilder oder Worte, die dabei vielleicht auftauchen.

Schritt 5: Verbindung

Beschreibe, was du gefunden hast:

_____

_____

_____

_____

Vielen Dank!

Zum Abschluss dieses Schrittes gehe bitte noch einmal alle Notizen durch und notiere in wenigen Worten, was du als Essenz gefunden hast. Trage es bitte in der Übersicht am Ende des Buches unter Schritt 5 "Verbindung" ein.

Nun, da wir uns mit dem energetisch richtigen Raum und der Verbindung beschäftigt haben, können wir einen Schritt tiefer gehen: ins Herz der Kreatur.

Schritt Sechs:
Das Herz der Kreatur

Was bewegt dich im Innersten?

2011 wurde ich nach Norwegen eingeladen, um einen Workshop abzuhalten. In diesem Sommer hatte es in Norwegen ungeheuer viel geregnet, der Boden war so aufgeweicht, dass man sich nur mit Gummistiefeln fortbewegen konnte, die häufiger im Matsch steckenblieben. Die Natur war großartig, weit ausgedehnte Wälder, durchsetzt von lichtgestaltigen Birken, alles überdacht von

Schritt 6: Das Herz der Kreatur

einem Himmel, der bis ans Ende der Welt zu reichen schien. Ein Atemzug in dieser Natur und meine Zivilisationsmüdigkeit war augenblicklich verflogen.

In einer solchen Umgebung ist es viel leichter, Zugang zu finden zu unserer inneren Stimme. Sie spricht so laut, dass wir zuhören müssen. Darum geht es auf dem nächsten Schritt unserer Reise: zu hören, was uns im Innersten bewegt. Was unsere tiefsten Motive, unsere stärksten Gefühle, unsere höchsten Werte sind. Wenn wir einen Ruf vernehmen, ist uns das noch nicht bewusst. Auch wenn wir ein Ziel bestimmen, ist uns nicht klar, warum wir dieses Ziel wirklich verfolgen. Wir haben eine Idee von einem Motiv, aber das wahre Motiv zeigt sich erst während der Reise. In dem Film „Pretty Woman" hat die Hauptfigur Vivian das Motiv, einen reichen Geschäftsmann zu verführen, um ihre finanzielle Lage zu verbessern. Sie rechnet nicht damit, dass sie sich auf dem Weg dorthin in Edward verlieben wird und wenige Tage später sein großzügiges Angebot für ein Leben in Wohlstand und Luxus ausschlagen wird. Auf der Reise hat sie die Achtung vor sich selbst gefunden und sie ist zu keinem Preis mehr bereit, ihren Körper und ihre Seele für Geld zu verkaufen. Selbst wenn sie dadurch den Mann, den sie liebt, zu verlieren droht.

Oft legen wir für die Reise ein Ziel fest, das wir für unseren stärksten Antrieb halten, aber während der Reise wird dieses Ziel auf den Kopf gestellt. Ich weiß, es ist nicht ganz fair, dich zuerst aufzufordern, ein Ziel zu bestimmen und dann zu sagen: Tut mir leid, jetzt wird alles wieder ganz anders. Das liegt daran, dass wir uns in einem Prozess befinden, was bedeutet, dass wir uns ständig verändern. Auf diese Weise werden auch unsere einmal festgelegten Ziele auf den Prüfstand gestellt. Das ist unumgänglich, wenn wir echte Veränderung wollen. Das Ziel hat uns in Bewegung gesetzt, damit wir, etwas später, dem begegnen können, was ich das Herz der Kreatur nenne. Etwas, das uns wichtiger ist, das uns stärker bewegt, etwas, das uns nicht bewusst war, das uns nur bewusst werden konnte, indem wir uns auf den Weg machten. Die Reise führt uns immer tiefer hinein in unser authentisches Sein und auf dem Weg dorthin entdecken wir immer tiefere Kräfte.

Wenn du vorher schon weißt, wie es ausgeht, ist es keine Reise.

Das ist die große Botschaft der Reise: Leben ist ein lebendiger Prozess und nicht die Ausführung eines vorher festgelegten Plans. Das ist die große Botschaft der Natur: Wir gewinnen die Kraft nur, wenn wir uns dem Leben aussetzen. Wir gewinnen die Erfahrung, während wir reisen. Wir kommen nicht umhin, den Weg zu gehen, das Leben zu leben, die Gefühle zu fühlen. Wenn wir vorher schon wüssten, wie der Weg aussieht, wäre es kein Weg. Wir würden auf der Stelle treten, auch wenn es äußerlich nach Bewegung aussieht. Darin besteht die wirkliche Herausforderung der Reise und darin besteht auch ihr Schatz.

Wasser

Die Farm auf welcher der Workshop stattfinden sollte, lag an einem von kleinen Inseln durchsetzten See. Auch die umliegenden Wälder waren von sprudelnden Wasserläufen durchsetzt. Das Wasser des Sees diente als Trinkwasser, gespeist von einer unterirdischen Quelle. Wasser, überall Wasser. Vor mir, hinter mir, über mir, unter mir. Nie zuvor habe ich die Kraft des Wassers so eindrücklich erlebt. Begriffe wie "Quelle", "kreative Quelle", "und Flow" tauchen in meinem Vokabular recht häufig auf. Auf dieser Farm in Norwegen war "Flow" nicht nur ein Wort, sondern eine fühlbare, sichtbare und sich tief ins Bewusstsein grabende Wirklichkeit. Eine alte Erinnerung erwachte in den Tiefen meines Körpers, an eine Zeit, in der wir Menschen in engem Kontakt mit Flüssen, Seen und Quellen gelebt haben, in der wir keine abstrakten kreativen Quellen gesucht haben, sondern in der die Quelle in uns war, in unserem Körper, in unserer Seele, in unserer Umwelt. Traurigkeit befiel mich darüber, dass wir sie verloren hatten. Aber die Traurigkeit dauerte nicht lange an, sie konnte nicht bestehen vor dem vielen Wasser um mich herum, das mich weiterfließen ließ.

Die Elemente, das findet man in vielen Lehren der Naturvölker, existieren zugleich im Innen und im Außen. Innere und äußere Weisheit treten mit einander in Austausch, wenn wir in der Natur sind, wie in Norwegen das äußere Wasser und das innere Fließen. Wasser, Erde, Feuer, Luft, die Elemente sprechen zu uns in Bildern, durch Gefühle, in Worten, Musik, Tanz oder Bewegung. Jeder Mensch erlebt die Sprache der Natur auf seine Weise, drückt sie auf seine Weise aus. Es ist eine universelle Sprache und zugleich erscheint sie jedem Menschen auf unverwechselbare Weise. Manche fühlen sich durch die Naturelemente inspiriert zu Musik, zu Tanz, zu handwerklichem Gestalten, zu Projektplanung, andere zu Liebe, zu Genuss, zu Vision. Die Quelle ist immer die Gleiche. Alle Kreativität fließt aus derselben Quelle.

Unsere kraftvollste und ursprünglichste Quelle ist die Erde, unser Planet. Wir sind auf eine Weise mit der Erde verbunden, die wir vergessen haben, aber an die wir unmittelbar erinnert werden, wenn wir in der Natur sind. Das Wasser stellt einen großen Kreislauf dar. Es fließt aus einer Quelle in der Erde in einen Fluss, der Fluss fließt ins Meer, das Wasser verdampft und kehrt als Regen in die Erde zurück. Dort sammelt es sich und tritt als Quelle wieder hervor, die in den Fluss fließt und ins Meer ...

Diese Bewegung findet auch in unserem Geist statt: Wir sind die Quelle, aus der das kreative Wasser ins Leben fließt. Und wir werden genährt von dem, was zu uns aus dem Leben zurückkommt. Dieses Gleichgewicht ist eine Grundbewegung unseres Seins. Wir geraten aus dem Gleichgewicht, wenn wir zu viel geben und zu wenig zurückbekommen oder wenn wir zu viel nehmen, ohne etwas zurückgeben zu können.

Deine Aufgabe

Frage dich selbst, wie du es mit dem Geben und Nehmen hältst. Wie ist dein subjektiver Eindruck über dein Gleichgewicht zwischen Geben und Nehmen? Schreibe einen kurzen Eindruck auf. Wir werden später noch darauf zurückkommen.

_____

_____

_____

_____

Wir sind viel beschäftigt mit Geben und wenig mit Nehmen

Mit fällt auf, dass wir häufig darüber sprechen, wie viel Energie wir in ein Projekt oder eine Beziehung stecken, wie viel Energie uns etwas kostet, wie wir unsere Fitness erhöhen können und mehr leisten, mehr Erfolg haben, indem wir Energie investieren. Wir sind Helden der Anstrengung. Was gut ist und einen Wert für uns hat, messen wir an der Anstrengung, die investiert wurde. Wir sind eine Kultur des Gebens, mehr als eine Kultur des Nehmens.

Deine Aufgabe

Stelle dich hin und halte deine Handflächen nach oben. Mache eine Bestandsaufnahme: Spüre, wie viel Energie aus deinen Handflächen herausströmt. Dann spüre, wie viel Energie hineinströmt. Jetzt in diesem Augenblick.

Bitte notiere, was du gefunden hast.

_____

_____

_____

_____

Du hast nicht genug gegeben

Dieses Urteil sitzt tief in uns. Wir fühlen uns verantwortlich für Kinder, für Tiere, für Familienangehörige, für Freunde, für das Elend der ganzen Welt. Aber wir können diesen Menschen nicht wirklich dienen, weil unser Wunsch, ihnen zu dienen aus einem Mangel entsteht, aus der Vorstellung, dass wir selbst nicht genug haben. Wenn wir erfüllt sind, wenn die Quelle uns speist, wenn uns genügend Wasser speist, fließen wir von selbst, sind wir Teil des Kreislaufs. Das erzählt uns die Natur. Unsere Angst, nicht genug zu haben, entsteht, weil wir auf das Wasser schauen, das aus unserer persönlichen Quelle in die Welt fließt.

Schauen wir auch auf das Wasser, das uns zufließt? Wenn wir

angemessen auf das Wasser schauen, das uns zufließt, wird unsere Kraft ohne Mühe in die Welt hinaus fließen. Wenn du das Gefühl hast, zu viel zu geben und zu wenig zu bekommen, richte deine Aufmerksamkeit auf das, was dir gegeben wird.

Es gibt Zeiten des Tuns und Zeiten der Ruhe. Zeiten der Aktivität und Zeiten der Passivität. Es gibt Geben und Empfangen. Wenn der Kreislauf stimmt, wenn wir so viel geben, wie wir empfangen, dann erhält die Quelle eine große Tiefe. Dann können wir durch die Quelle tief ins Innere der Erde gelangen und erfahren, wie die Erde selbst gestaltet. Wie die Keime sprießen, die durch das Wasser genährt werden, wie Steine sich in Jahrmillionen in Diamanten verwandeln. Wie die Erde tief in uns selbst wirkt, uns wachsen lässt und uns nährt.

Deine Aufgabe

Beschreibe ein Beispiel, eine Beziehung oder ein Erlebnis, bei dem du von selbst, ohne jede Anstrengung mit Freude gegeben hast. Was hat dich dabei genährt? Aus welcher Quelle kam deine Kraft?

_____

_____

_____

_____

_____

_____

Die Natur empfängt vorbehaltlos

Als Nächstes möchte ich eine Übung mit dir machen, die das Empfangen stärkt. Wenn du das Herz der Kreatur in dir finden möchtest, ist das Gleichgewicht von Geben und Empfangen eine wichtige Voraussetzung. Wenn du frei empfangen kannst, wird das Geben von selbst kommen.

Deine Aufgabe

Stelle dir vor, du bist umgeben von einem Universum, dessen Ausmaße unvorstellbar groß sind, von einer Kraft, die größer ist als deine persönliche Kraft. Stelle dir vor, du kannst von dort Energie aufnehmen. Beschreibe Wie fühlt sich das für dich an in diesem Moment? Mache eine Notiz:

_____

_____

_____

_____

Intuition und Vision

Stelle dir vor, in der Mitte deiner Stirn befindet sich ein Zentrum, das Visionen empfangen kann. Es wird auch das dritte Auge genannt. Richte deine Aufmerksamkeit dorthin und spüre wie Ideen, Visionen, reine Bilder oder Gedanken dort in dich hineinfließen.

Beschreibe dieses Gefühl:

___

___

___

Kommunikation

Richte deine Aufmerksamkeit auf deinen Hals, Kiefer, Kehle, Mund, Lippen, Zunge, Rachen. Stelle dir vor, dass die Worte zu dir fließen. Das, was du sagen möchtest, das, was du ausdrücken möchtest, kommt zu dir. Es wird dir gegeben oder man sagt auch "eingegeben." Wie fühlt es sich an? Welche Blockaden werden dir vielleicht bewusst? Notiere, was du beobachtest:

___

___

___

Liebe und Herzenskraft

Geh zu deinem Herzen. Liebe strömt von dir in die Welt – und der Schmerz des Nichtgeliebtwerdens. Nimm wahr, was ist, ohne etwas zu erzwingen oder zu erwarten. Du empfängst Liebe – oder du empfindest die Unfähigkeit, Liebe von anderen zu empfangen, weil du dich vor Verletzungen schützt. Urteile nicht, nimm nur wahr was ist. Es geht nicht darum, etwas zu können, zu erreichen, gut zu sein oder es richtig zu machen. Vielleicht entdeckst du überraschend, dass du nicht geliebt werden kannst und es ist die Entdeckung des Jahrhunderts für dich. Die verbaust du dir, wenn du versuchst, "es richtig zu machen". Vielleicht entdeckst du auch, dass Gott, die Engel, Mutter Erde oder dein Nutella-Brot dich mit unendlicher Liebesenergie versorgen.

Was auch immer ist, schreibe es bitte auf:

_____

_____

_____

_____

Mein Selbstbewusstsein

Wie gut ist es wirklich? Bist du schon beim Lesen der Überschrift in die Falle getappt, dein Maßband herauszuholen? Wir wollen nicht wissen, wie *gut* dein Selbstbewusstsein ist, sondern *wie* es ist. Und wir wollen wissen, ob und wie es gespeist wird: Ja, wir haben umfangreiche Kenntnisse darüber, was unser Selbstbewusstsein angräbt, aber wie reich sind unsere Kenntnisse darüber, was uns nährt? Bitte notiere mindestens zehn Quellen, die dein Selbstbewusstsein nähren. Falls du dabei auf mehr stößt, nimm ein Extrablatt. Am besten, du schreibst so lange, bis du das Buch in die Ecke pfefferst und dir sagst, was muss ich ein Buch lesen, wenn ich einen Baum ausreißen kann? Falls du auf die jämmerlichen kleinen grünen Männchen triffst, die sagen: „du widerlicher protziger Angeber, Abmarsch zurück in den Keller", wirf ihnen dein Nutellabrot entgegen und protze weiter.

Schritt 6: Das Herz der Kreatur

Bitte notiere deine Erfahrung:

_____

_____

_____

Ich helfe vielen – aber ich bekomme wenig zurück.

Lisa war für alle da, ihren kranken Bruder, ihre pflegebedürftige Mutter, ihre Kollegen, ihre Kinder, ihren Mann und ihren Hund. Sie arbeitete in einem Krankenhaus als Sozialarbeiterin. Dann kam die große Chance, der leitende Arzt bot ihr an, eine eigene Drogenberatungsstelle für junge Frauen aufzubauen. Auf diesen Traum hatte sie seit Jahren hingearbeitet. Aber jetzt, wo er Wirklichkeit werden sollte, verlor sie alle Kraft. Wie sollte sie sich um all diese Menschen kümmern, die von ihr abhängig waren, und zugleich ein so riesiges Projekt stemmen?

Mehrere Nächte hintereinander hatte sie einen Traum, in dem sie durch eine eisige Landschaft lief, einen Gletscher hinab in die Tiefe stürzte und im Wasser ertrank. Sie fühlte sich überwältigt und gelähmt, in ihr tobte ein Sturm, der sie auch im Wachsein handlungsunfähig machte.

Ich brachte sie mit einer aufgeregten jungen Stute zusammen, die in ihrer Gegenwart sofort ruhig wurde. Lisa hatte wirklich erstaunliche Fähigkeiten, andere zu beruhigen. Aber die Ruhe des Pferdes dauerte nicht lange an. Pferde sind wie alle Tiere präzise Spiegel unserer inneren Verfassung, ihnen entgeht nichts. Die Stute stob von einem Augenblick auf den anderen erschrocken davon, als hätte ein wildes Tier sie in die Flucht geschlagen.

Lisa sah mich verzweifelt an. "Warum?"
"Was ist passiert kurz bevor die Stute weglief?"

Schritt 6: Das Herz der Kreatur

"Ich weiß nicht. Ich kann mich nicht erinnern."
"Was ging dir durch den Kopf?", fragte ich.
"Nichts. Ich weiß nicht, wo ich war. Aber irgendwie habe ich es erwartet." Sie grinste schief. Dann schüttelte sie sich, als wolle sie sich selbst in die Wirklichkeit zurückholen. "Es ist sehr schwierig für mich, genau zu fühlen, was da passiert ist, weil es in einer Millisekunde geschieht." Sie stand da mit geschlossenen Augen und ihr Kiefer mahlte. Dann seufzte sie tief.

Die Stute, die am Zaun stand, wandte ihr den Kopf zu.

"Es ist merkwürdig, dass die Stute jetzt wieder zu mir schaut", sagte Lisa. "Ich fühle mich elend. Ich habe völlig die Orientierung verloren. Warum sollte sich jemand für mich interessieren, wenn ich so ein Jammerlappen bin?"

Plötzlich weiteten sich ihre Augen: "Da steckt was drin", sagte sie. "Ich bin jämmerlich und das Pferd wendet sich mir zu. Genauso verhalte ich mich gegenüber Menschen, die schwach und hilfsbedürftig sind. Es ist doch ganz normal, dass man so etwas tut, selbst ein Pferd empfindet es als normal." Lisa ließ die Schultern wieder resigniert sinken. "Nur unter meinen Mitmenschen scheint niemand so zu sein. Da gibt es niemanden, der sich um mich kümmert. Nur ich kümmere mich um alle anderen." Sie fühlte sich sehr schwach und lief zur hölzernen Umzäunung, um sich anzulehnen. Die Stute beäugte sie immer noch neugierig.

"Jetzt fühle ich mich noch jämmerlicher", sagte Lisa und zischte laut, indem sie die Luft zwischen den Zähnen hervorpresste.

Zwischen Lisa und der Stute war eine kaum auszuhaltende Spannung wahrzunehmen. "Ich werde nichts mehr für niemanden tun", sagte Lisa. Und stieß einen lauten Seufzer aus. Es sah jedoch nicht so aus, als ob sie sich dadurch besser fühlte, im Gegenteil, sie ließ sich auf den Boden gleiten und zog die Knie an die Brust. Ich beobachtete das Pferd, ein wenig besorgt um Lisas Sicherheit, aber die Stute sah eher bedripst drein – nicht dazu aufgelegt, Lisa anzurempeln. "Die anderen werden mir so egal sein, wie ich ihnen." Das Gefühl schien sich eine nicht enden wollende Ewigkeit lang auszubreiten. "Ich kann nichts machen",

Schritt 6: Das Herz der Kreatur

sagte Lisa und lachte unbeholfen. "Irgendjemand anderer muss das Problem lösen für mich." Die Stute machte keine Anstalten. Gerade wenn man auf Hilfe von außen wartet, kommt sie nicht, hörte ich Lisa denken. Ich hätte Lisa jetzt natürlich einen kleinen Vortrag über das Wassers und den natürlichen Kreislauf halten können – das Gleichgewicht von Geben und Nehmen. Aber wer hört in so einem Moment schon gern Vorträge? Die Kunst, den richtigen Satz im richtigen Moment zu einem Menschen zu sagen, der in der Klemme steckt, ist genauso anspruchsvoll, wie die Kunst, im richtigen Augenblick die Klappe zu halten. Ich schwieg.

Es begann zu regnen. Der Himmel hatte nicht danach ausgesehen, nur ein bisschen grau. Es regnete auch nicht stark, nur ein wenig, windlos und senkrecht. Wasser. Die Natur hatte in meinen Augen wieder einmal eine gute Idee. Lisa stand auf und begann sich zu bewegen, sie lief auf die Stute zu, in genau dem richtigen Tempo, in dem das junge Pferd sich wohlfühlte. Die Stute schloss sich Lisa an und sie drehten ein paar Runden, während der das Pferd ihr gut gelaunt hinterherlief. Es trabte, als Lisa zu laufen begann, es drehte Kreise mit ihr und Achten. Lisa kümmerte sich um nichts und niemanden und die Stute tat, was ihr offensichtlich Spaß machte, nämlich mit Lisa zu spielen.

Nach einer Weile kam Lisa zur Ruhe, verabschiedete sich und verließ mit leuchtenden Augen den Platz.

"Was ist passiert?", fragte ich.

"Alles war im Fluss", sagte sie, während sie über sich selbst staunte. "Ich wollte niemandem mehr helfen ... Ich glaube, es war der Regen. Normalerweise, wenn es regnet, denke ich, ich muss schnell ins Trockene flüchten, aber diesmal dachte ich: Wie kommt es, dass dieses Wasser einfach so auf mich herunterfällt, obwohl ich gar nichts dafür getan habe? Es fällt auf die Büsche und das Gras, so dass alles wachsen kann. Es kommt einfach ... ich sah es als Segen, wie eine Kraft, die von oben kommt und mich mit Leben erfüllt. Ich kann es nicht anders sagen, vielleicht, weil ich offen war. Ich weiß, dass ich mich ganz bewusst entschlossen habe, dass ich den Regen als Geschenk annehme. Ich habe mich auch ganz klar erinnert, dass mir viele Menschen ihre Hilfe anbieten, aber ich nehme sie nicht an, weil ich denke, ach, dann muss ich sie wieder zurückgeben und habe noch mehr Arbeit. Aber der Regen verlangt nichts dafür, dass ich mich hineinstelle. Ich habe richtig gemerkt, wie ich auftanke. Es hat gar nicht so lange gedauert, da hatte ich schon wieder Lust, aufzustehen und etwas zu unternehmen, ich bin nämlich ziemlich unternehmungslustig, ich arbeite gern und ich helfe auch gern anderen, nur wenn es zu viel wird, wird es zu viel. Dann muss man auftanken, wie auch immer. Auf alle Fälle werde ich das im Auge behalten ... Wo viel rausgeht, muss viel reinkommen."

Ist die Sprache der Natur zu banal und unscheinbar?

Was genau brachte jene Veränderung, durch die Lisa den Regen als ein Geschenk erlebte? Regen? Ist das nicht banal? Das soll der ganze Zauber sein? Bei mir funktioniert das nicht, sagst du jetzt vielleicht. Da brauche ich schon handfestere Argumente, um plötzlich glücklich zu sein.

Ein Grund, warum wir die Sprache der Natur nicht mehr hören ist, dass sie nicht mit großen Werbetafeln versehen ist, keine Marketingabteilung hat und es keine Schnäppchenaktionen gibt. Und dass alles andere nicht auf unserem Radar erscheint. Ich bin jedoch keineswegs verzagt, denn ich veranstalte seit vielen Jahren Workshops und das Erstaunlichste neben den Wundern, die die Natur dabei vollbringt ist, dass die Menschen – und zwar alle – sie hören. Unsere Zivilisation ist vielleicht nicht ausgestattet, um uns den Flug des Schmetterlings lesen zu lassen, aber unsere Herzen sind es. Deshalb begeben wir uns ins Herz der Kreatur, denn dort ist die Sprache der Natur keine Fremdsprache mehr, sondern direktes Wissen.

Innere und äußere Wahrnehmung kommen zusammen

Wie zauberhaft ein Schmetterling spricht, erfuhr Kathrin an einem sonnigen Sommertag. Am Ende eines zweitägigen Workshops näherte sie sich einer profunden inneren Wandlung. Ein Zitronenfalter tauchte auf und wich nicht mehr von ihrer Seite. Nichts Besonderes, hätten Außenstehende gesagt, flatternde Schmetterlinge gibt es öfters. Kathrin aber wusste, dass der Schmetterling, das Tier, das mehr als alle anderen, die Transformation verkörpert, gekommen war, um mit ihr die Verwandlung zu zelebrieren. Und weil Kathrin es so wahrnahm, blieb der Schmetterling. Wenn die Natur spricht, kommen innere Wahrnehmung und äußere Wahrnehmung zusammen. Deshalb ist es auch unmöglich, allein äußere Beweise für die Sprache der Tiere zu finden. Wenn kein Zuhörer da ist, sprechen die Tiere nicht. Das Grundgesetz der Natur ist Resonanz oder der Austausch von Geben und Nehmen.

Im Herz der Kreatur sind wir mehr als ein einzelnes Wesen

Dort, wo Resonanz entsteht, finden wir auch unser Herz der Kreatur. Für Kathrin war der Schmetterling der Botschafter und im Austausch mit dem Schmetterling konnte Kathrin ihr eigenes Herz sprechen hören. Das Herz spricht ganz anders als der Verstand. Es spricht weich, es spricht im Augenblick, es spricht überraschend, es spricht zu unserem ganzen Sein. Sein Hauptmerkmal ist wohl, dass es uns umgehend glücklich macht, wenn wir unser Herz sprechen hören. Umgehend fühlen wir, dass wir nicht mehr allein sind, dass um uns herum alles lebt und sich mit uns austauschen will. Wir tauchen ein in einen großen Gesang, in ein großes Lebendigsein. Unsere Bedenken, unsere Sorgen, unsere Zweifel erscheinen uns als nicht real. Hier bekommen wir Antworten, die uns satt machen, hier empfinden wir keinen unstillbaren Hunger mehr. Das Herz der Kreatur ist ein kostbarer Ort, ein Ort der Wunder, ein Ort, an dem wir uns unendlich reich fühlen und sehr still.

Um an diesen Ort zu reisen, möchte ich dich noch zu zwei weiteren Aufgaben einladen.

Das Herz der Kreatur ist kein Ort der romantischen Träumerei

Wir haben uns im letzten Schritt „Verbindung" mit dem Thema der energetischen Wahrnehmung beschäftigt. Je mehr wir uns der Urkraft nähern, desto wichtiger wird das Thema Energie.

Wir können Verbindung zur Natur, tiefe Weisheit und Verwandlung erleben, wenn wir unsere eigene Energie und die Energie, die uns umgibt, immer feiner wahrnehmen lernen. Dazu brauchen wir auch gute Wurzeln. Nur was Wurzeln hat, kann wachsen. Darin ist die Natur ein klarer Lehrmeister. Wurzeln haben, heißt auch ganz hier zu sein. Wir können nicht in den Tag hinein träumen, wir müssen wach und da sein. Um uns herum ist es heiß oder kalt, regnet es oder es verbrennt uns die Haut, Insekten ernähren sich von unserem Blut, ein Blitz bedroht unser Leben, wir brauchen Wasser und Nahrung, wir brauchen Medizin. All diese Dinge betreffen uns heute nicht mehr so unmittelbar wie unsere Vorfahren, aber das eine gilt noch immer: Wenn wir die Weisheit der Natur erfahren wollen, müssen wir mit allen Sinnen wahrnehmen im Hier und Jetzt. Die Natur verlangt, dass wir unseren Körper bewusst wahrnehmen, dass unsere Gedanken Fleisch und Blut haben, dass unsere Gefühle fließen, dass unser Geist offen ist für das Sichtbare und das Unsichtbare. Dies ist keine esoterische Spielerei, sondern handfeste Grundvoraussetzung für das Leben in und mit der Natur. Und damit ist auch die Natur der menschlichen Zivilisation gemeint.

Deine Aufgabe

Richte deine Aufmerksamkeit auf deinen Bauch, etwas unterhalb des Bauchnabels und stelle dir dort ein Kraftzentrum vor. In den asiatischen Kampfsport- und Kampfkunstarten wird dies als die Quelle der Kraft betrachtet, das Training zielt darauf ab, dieses Kraftzentum zu stärken. Deine Aufgabe ist jetzt, herauszufinden, ob und wie dein Kraftzentrum im Unterleib genährt wird, ob es Energie von außen aufnehmen kann. Von woher kommt diese Energie, wie fühlt sie sich an und was kannst du sonst noch beobachten?

Bitte schreibe es auf:

_____

_____

_____

_____

Verwurzelt

Stehst du auf dem Boden? Sitzt du auf deiner Sitzfläche? Diese Frage könnte man uns Zeitgenossen hundert Mal oder tausend Mal stellen und man bekäme nicht selten die Antwort Nein. Wir sind geistig so absorbiert von den unzähligen optischen Reizen und Informationen, die wir verarbeiten müssen oder wollen, dass es eine Bewusstseinsaufgabe höheren Grades darstellt, gleichzeitig körperlich präsent zu bleiben. In unserem Alltag erleben wir es meist getrennt: Wir lassen unseren Geist am Computer arbeiten, unser Herz im Kino und unseren Körper im Fitnessstudio. „Ganzheitlich" ist ein großer Begriff für uns, aber wir reden mehr darüber, als dass wir es leben. Uns fällt nicht auf, dass wir zwar in entfernte Bewusstseinsbereiche vordringen können, raffinierte Trainings- und Fitnesskonzepte entwickeln, aber unser Kontakt zu Mama Erde abgerissen ist. Wäre er es nicht, würden wir nach Stille streben, statt nach Lärm. Wir würden mehr über Liebe reden als über Katastrophen. Wir würden der Natur zuhören, statt sie auszubeuten, wir würden sie sein lassen, anstatt sie zu manipulieren. Ich will hier nicht das Lied der Zivilisationskritik singen, ich suche nach unmittelbaren Erfahrungen, die uns wieder in Verbindung bringen. Ermahnungen lassen uns nur schlecht fühlen – und ehrlich, der Natur ist es egal. Wenn jemand untergeht, dann die Spezies Mensch und nicht der Planet Erde.

In der Natur finden wir zwar ein Einssein, das uns glückselig macht, aber die Natur verlangt auch, dass wir überleben. Gerade dieses Zusammentreffen aller Kräfte, nicht nur der geistigen, lässt uns eine Erfüllung finden, die kraftvoll und lebendig ist. In der Natur wird nicht nur unsere visionäre Intuition geweckt, sondern zu allererst unsere Überlebensintuition. Wir können sehr viele mentale Übungen machen in Tierkommunikation oder Bewusstseinserweiterung, in der Natur zählt als Erstes wie überlebenstauglich wir sind. Unsere Überlebensintuition ist die zuverlässigste und unmittelbarste Quelle spirituellen Wissens. Deshalb deine Aufgabe:

Der aggressive Wille, da zu sein

Begebe dich mit deiner Aufmerksamkeit an den tiefsten Punkt deines Oberkörpers. Dort findest du deine Fortpflanzungskraft, egal ob sie der Fortpflanzung deiner physischen Gene dient oder deines Spirits. Alle Menschen und auch Tiere haben das starke Bedürfnis etwas weiterzugeben, fortzupflanzen. Hier kommen wir unserer Urkraft näher als irgendwo sonst. Wir gebären ununterbrochen, diese aggressive Kraft, uns bemerkbar zu machen, unser persönliches Imprint, unsere Fußspuren, unseren Händeabdruck zu hinterlassen. Wenn wir diese Urkraft nicht wirken lassen, wie sie will, wird sie sich gegen uns wenden und uns bei lebendigem Geist auffressen. Ich weiß, wir kennen tausend Gründe und tausend Menschen, die uns behindern, aber zuallererst behindern wir uns selbst. Um uns herum gebiert und wächst alles, wir leben in dieser Energie und es kostet uns enorme Kraft, uns davon abzuschneiden. Allein, dass es der Menschheit immer wieder gelungen ist, sich weit von den Wurzeln zu entfernen, ist ein Beweis wie stark unsere Urkraft ist, denn auch die Entfremdung ist von ihr gespeist. Zivilisationen und Kulturen haben versucht, Sexualität zu kanalisieren, zu verbieten oder zu traumatisieren, aber die Urkraft ist wie Wasser, das sich auch durch die dünnsten Rinnsale einen Weg sucht, wie Feuer, das sich entzündet, wenn das Holz zu trocken geworden ist, wie Erde, die Keime austreibt, wie Luft, die sich zum Orkan formt.

Deine Aufgabe

Wann hast du das letzte Mal einen Ausbruch deiner Urkraft erlebt? Hast du gespürt, wie sie sich angebahnt hat, wie du sie zurückgehalten hast, aus Höflichkeit, aus Bequemlichkeit, wie sie dich immer wieder erinnert hat, wie du sie beschwichtigt hast und wie sie schließlich da war – und wie du da warst. Ein Vulkan, eine Explosion, ein Kein Zurück. Die Würfel sind gefallen. Was für ein erfrischendes, lebendiges Gefühl es war!

Schritt 6: Das Herz der Kreatur

Bitte halte es in ein paar Worten fest:

_____

_____

_____

_____

Wenn die Urkraft explodiert, muss die Wahrheit folgen.

Maria hatte zusammen mit einer Partnerin eine Schule aufgebaut, in der sie Tierkommunikatoren ausbildeten. Für beide war es die Erfüllung eines Traumes, ihre ganz persönlichen Überzeugungen, ihr Wissen in die Welt zu bringen und die Schule hatte Erfolg. Eines Morgens wachte Maria auf und spürte, dass ihr Herz sich entfernt hatte vom gemeinsamen Ruf mit ihrer Freundin. Ein großer Schmerz befiel sie, denn sie liebte die Freundin und sie liebte die Arbeit, die sie zusammen machten. Da war ein unerklärlicher Groll. Zunächst auf kleine Dinge: diese oder jene Bemerkung, die Sandra gegenüber einer Schülerin geäußert hatte und mit der Maria nicht einverstanden war. Dann eine Schlampigkeit in den Seminarunterlagen, eine nicht eingehaltene Verabredung. All dies erboste Maria ungebührlich und vergiftete die Atmosphäre. Maria verstand sich selbst nicht mehr. Auf einmal war alles, was zuvor heilig und wunderbar gewesen war, Anlass zu Ärgernis. Auf einmal war Sandra, die zuvor noch eine bewunderte Mitstreiterin und Kollegin gewesen war, langweilig, langsam, ein Klotz am Bein. Die ersten Schüler bemerkten die Spannung, die in der Luft lag. Es kam zu einem Streit, in dem Sandra Maria berechtigte Vorwürfe machte. Maria gelobte Besserung. Zwei Wochen später explodierte der Vulkan. Maria warf alles hin. Sie erklärte die Zusammenarbeit als beendet. Sie ernannte eine

Nachfolgerin, die ihre Arbeit in der Schule übernehmen würde. Sie verließ das Land zu einer längeren Reise und kehrte nur noch zurück, um aus ihrer Wohnung auszuziehen. Ich traf Maria drei Jahre später auf einem abgelegenen Gehöft in der Bretagne, wo sie mit einem Mann, den sie kurz danach kennengelernt hatte, lebte und ein Buch schrieb. „Was mich lange beschäftigt hat", sagte sie. „Ich hatte keine Schuldgefühle, obwohl ich meine Freundin im Stich gelassen habe. Diese Kraft, die mich bewegt hat, so zu handeln, war so rein. Ich habe begriffen, dass dies uns bewegt. Die ganzen Schuldgefühle, die man uns deswegen einredet, kommen nur daher, dass wir dieser Kraft nicht folgen. Die Wahrheit ist, ich war zu stark, um noch länger in dieser Welt unserer Schule und unserer Freundschaft zu bleiben. Meine Kraft war zu groß für Sandra."

Eine Beziehung zu verlassen, weil man sich zu stark fühlt, ist eine schmerzhafte Erfahrung, weil sie uns zum Täter macht. Da ziehen wir es vor, verlassen zu werden und das bedauernswerte Opfer zu sein. Wenn wir all die Schuldzuweisungen und Vorwürfe bei Seite lassen, kommt eine einfache Wahrheit zum Vorschein: Klare Kräfteverhältnisse dienen uns allen. Wenn wir wissen, wer welche Fähigkeiten besitzt, können wir ihm den passenden Platz überlassen, an dem er allen dient. Wenn wir selbst wissen, wo unser bester Platz ist und ihm folgen, dienen wir allen. Wir wissen es. Unser Herz weiß es.

Deine Aufgabe

Wo genau ist dein Platz? Bei welcher Arbeit? Mit welchen Menschen? Wo dienst du dir selbst und allen anderen am besten? Wohin fließt deine Kraft? Was nährt dich? Wo ist dein Weg? Und wo läufst du gegen Mauern?

Erlaube dir einen Moment der Wahrheit und notiere ohne Rücksicht auf moralische Urteile:

_____

_____

_____

_____

_____

Unser Herz ist viel weiter als wir glauben

Es gab eine Zeit, da habe ich davon gelebt, Liebesromane zu schreiben. Es ist nicht leicht, die Liebe wahrhaft einzufangen in einer Geschichte, genauso wie die Liebe uns auch realen Leben vor die größten Herausforderungen stellt. Die Liebe ist immer eine Aufforderung zur Anarchie. Sie blüht auf, wenn wir das Ungewöhnliche wagen, nicht um des Ungewöhnlichen willen, sondern weil unser Herz sich nicht an Sitten, Anstand und Moral hält. Unser Herz folgt dem Ruf der Freiheit. Wenn es eine Freiheit gibt, dann die Freiheit des Herzens. Von allen Kräften in unserer irdischen Welt ist die Kraft der Liebe die Unbeugsamste. Die Kraft der Liebe ist auch jene, über die wir uns selbst und andere am wenigsten täuschen können. Wenn wir der Liebe die Freiheit nehmen, erlahmt sie. Das ist die größte Tragödie.

Unsere wilde Urkraft ist immer eine Liebeskraft. Wenn unsere Urkraft erlahmt, erlahmt unsere Liebeskraft. Weil die Liebe so unzähmbar ist, versuchen wir sie einzufangen und fügsam zu machen, aber im gleichen Maße wie wir das tun, verlieren wir sie. Die Liebe gewinnt erst wieder Kraft, wenn wir den Käfig öffnen und sie fliegen lassen. Unser Herz ist nicht gewillt zu lieben, was gesellschaftlich akzeptabel wäre, was wirtschaftlich vorteilhaft wäre, was uns allen Glück und keinen Schmerz bringt. Unser Herz liebt, was es liebt. Die Kraft unseres Herzens zu lieben ist so groß, so erfinderisch, so unaufhaltsam, dass es nichts gibt, was uns mehr zum Staunen bringen kann.

Wie oft glauben wir, dass unser Herz endgültig gebrochen ist? Wie oft glauben wir, dass wir niemanden finden werden, der uns wahrhaft liebt? Wie oft glauben wir, dass wir betrogen werden von anderen, die uns ihre Liebe entzogen haben oder uns ohnehin nie wirklich geliebt haben? Das ist alles Illusion. Unser Herz ist nicht so schwach, sich von diesen Betrügereien einschüchtern zu lassen. Diese Stimmen, die unsere Gedanken übel knechten können, sind nicht die Stimmen unseres Herzens.

Was die Natur bewegt ist Liebeskraft

Der größte Fehler unserer westlichen Zivilisation ist, dass sie die Tiere als minderwertig dem Menschen gegenüber betrachtet. Die Meinung, dass Tiere keine Gefühle haben und dumm sind, ist weit verbreitet und ausgesprochen gefühllos und dumm. „Die Größe und den Fortschritt einer Nation kann man daran messen, wie sie die Tiere behandelt", sagt Mahatma Gandhi.

Viele Menschen betrachten Tierliebhaber als neurotische Sonderlinge, die sich Tieren zuwenden, weil sie bei Menschen nicht besonders beliebt sind. Vielleicht sind Tierliebhaber aber auch besonders liebesfähige Menschen, die fühlen, dass Menschen oft nur vorgeben zu lieben. Tierliebhaber sind oft Menschen, deren einziges Problem darin besteht, dass sie sich auf die unechte Liebe unter Menschen nicht einlassen können. Solche Menschen habe ich unzählige getroffen und stets war ich tief beeindruckt von der aufrichtigen, reinen Liebe, die sie mit ihren Tieren teilten.

Tiere lieben auf genau jene kraftvolle, reine, unbeirrbare Weise, wie auch unser Herz liebt, wenn wir all die Hindernisse und Beklemmungen aus dem Weg räumen. Wenn man etwas über die Natur der Liebe erfahren will, gibt es keine bessere Quelle als die Natur. Dort können wir unser Herz erfrischen, um dann auch in der Menschenwelt unseren Illusionen nicht zum Opfer zu fallen. Warum ich das einfach behaupte, ohne die entsprechenden wissenschaftlichen Studien anzuführen? Ich fürchte die Liebe gehört zu jenem direkten Wissen, für das man keine Beweise braucht und das einem auch alle Beweise der Welt nicht zugänglich machen können.

Jeder, der versucht, mit Tieren in Kontakt zu kommen, macht die Erfahrung, dass dafür zwei Dinge notwendig sind: Das eine ist reine absichtslose Liebe, das andere ist Selbst-Bewusstsein.

Deine Aufgabe

Bitte notiere ein Beispiel, bei dem du die bedingungslose Liebe der Tiere erfahren hast. Es genügt auch der Name der Katze, an die du dich gerade erinnerst. Bitte denke nicht nur an die Liebe dieses Wesens, sondern fühle sie. Bitte notiere ein (oder mehr) poetisches Wort, das diese Liebe zum Ausdruck bringt. Das kann auch etwas sein wie „leise Pfote". Es geht nur darum, dass dieses Wort oder diese Worte dir etwas sagen, dass sich dein Gefühl darin ausdrückt. Du kannst an Stelle eines Wortes auch ein Bild malen oder ein Foto in das Buch kleben.

_____

_____

_____

Schritt 6: Das Herz der Kreatur

Du bist gereist durch das Herz der Kreatur. Deine letzte Aufgabe bei diesem Schritt ist, entweder deine Aufzeichnungen noch einmal durchzugehen oder spontan aufzuschreiben, was dich am meisten bewegt hat während dieses Schrittes. Vielleicht hast du auch, angeregt durch den Text, ganz eigene Ideen entwickelt. Was hast du in wenigen Worten, in einem Satz gefunden als Essenz des Herzens der Kreatur? Bitte notiere es in der Übersicht am Ende des Buches, S. 236.

Schritt Sieben: Die Zerreißprobe

Die Zerreißprobe ist eines der schwierigsten Stadien, die wir durchleben, wenn wir uns auf der Reise in die innere Wildnis befinden. Die Reise hat es so an sich, dass mit jedem Schritt neue Herausforderungen auf uns zukommen und eine ist größer als die andere. Wir haben die eine Kraft gefunden und schon wird sie in neuem Feuer geprüft.

Wenn wir das Herz der Kreatur gefunden haben, das, was uns im Herzen am tiefsten bewegt, ändert sich die Qualität der Reise. Zuvor haben wir gesucht. Jetzt haben wir gefunden.

Wir fühlen, was uns bewegt. So ergeht es der Bordsteinschwalbe Vivian in dem Film „Pretty Woman": Sie hat sich verliebt in Edward, der vor wenigen Tagen noch ihr Kunde war, an dem sie Geld verdiente. Als Prostituierte gilt für sie die Regel: Einen Kunden küsse ich nicht auf den Mund. Jetzt küsst sie ihn auf den Mund. Als Prostituierte wird sie bezahlt. Jetzt will sie sein Geld nicht mehr annehmen, auch wenn sie es dringend braucht. Die Liebe, die sie empfindet, hat ihr Selbstbewusstsein verändert: Sie will nicht länger eine Frau sein, die ihren Körper verkauft. Ihre Selbstachtung ist erwacht, aber ihre äußere Situation ist noch nicht ganz mitgewachsen. Edward betrachtet sie nach wie vor als käufliche Frau und ist auch nicht bereit, eine echte Liebesbeziehung einzugehen. Vivian hat die Wahl: Entweder seine bezahlte Geliebte zu sein oder ihn nicht wiederzusehen. Sie steckt in einer wahren Zerreißprobe. Die sich ergeben hat, weil sie ihre Herzenskraft entdeckt hat.

Unsere Kraft zu entdecken bedeutet aus unserem bekannten Universum herausgeschleudert zu werden.

Wir machen uns unbeliebt. Das ist eine Tatsache, mit der sich jeder konfrontieren muss, der sich auf die Reise in die innere Wildnis macht. Die meisten Menschen wollen keine selbstbewussten Wilden um sich herum, sie wollen bequem angepasste Nachbarn, die ihre Illusionen bedienen. Sie wollen auch keine Menschen, die sich ständig verändern, sie wollen zuverlässige Automaten, in die man immer die gleiche Münze mit dem immer gleichen Ergebnis einwerfen kann.

Schritt 7: Zerreißprobe

Beim jetzigen Stand der globalen Zivilisation ist es zwar ein Fakt, dass nur selbstbewusste Wilde unsere Probleme lösen können, aber wir tun uns sehr schwer, ihnen das zu gestatten.

Das gilt nicht nur für die großen Themen unserer Gesellschaft, sondern auch für unsere Familien, Freundeskreise, Clubs, Vereine und sonstigen organisierten Gemeinschaften. Davon können alle ein Lied singen, die es versucht haben, davon erzählen die Geschichten und Legenden der Helden, Visionäre, Künstler und Heiligen, allen voran die prägendste Geschichte unserer westlichen Zivilisation: der Mythos von Jesus Christus.

Auf dem Weg aus der gewohnten Gesellschaft hinaus und in die Kraft des eigenen Herzens hinein erlebt der Held eine Zerreißprobe.

Der Sinn der Zerreißprobe ist das Bewusstwerden über die neuen Fakten.

Die Zerreißprobe ist das spannungsgeladenste Stadium der Reise. Deshalb wollen wir sie gern vermeiden. Zu viel Stress. Aber der Stress der Zerreißprobe ist sinnvoll und unvermeidlich. Pretty Woman entdeckt sich plötzlich als Frau, die liebt. Sie entdeckt sich durch die neuen, unbekannten Szenen, die sich in ihrem Leben abspielen, durch ihre eigenen ungewohnten Reaktionen auf Situationen, in denen sie zuvor die coole Verführerin war. Ständig muss sie neu entscheiden: Soll ich dies tun oder das? Soll ich dies sagen oder das? Was will ich eigentlich? Sie weiß es selbst nicht.

Der Sinn der Zerreißprobe ist, dass sie uns zwingt, Lösungen zu finden, dass sie uns bekannt macht mit dem neuen Ich, das wir sind, nachdem wir unsere Herzenskraft gefunden haben.

Die Zerreißprobe ist ein natürliches Durchgangsstadium. Es dauert so lange an, bis wir unser neues Ich in Einklang gebracht haben mit unserer alten Umwelt. Bis die Menschen in unserem Leben sich adaptiert haben, bis wir im Detail alle notwendigen Schritte unternommen haben, um unsere Kraft blühen zu lassen. Wie Pretty Woman, die sich entscheidet ihr horizontales Gewerbe aufzugeben und einen Beruf zu erlernen. Wie unsere Zerreißprobe ausgeht wissen wir nicht so lange sie anhält. Wenn wir es wüssten, wäre es keine Zerreißprobe. Wenn wir den Ausgang kennen, ist sie vorbei. Wir erkennen es daran, dass die innere Spannung nachlässt, dass wir mit dem Grübeln aufhören.

Die Zerreißprobe ist eine kostenlose Tankstelle

"Widersprüche sind kostbar." Dieser Satz des irischen Poeten John O'Donohue gehört zu meinen Lieblingszitaten. Weil er so schön allem widerspricht, worauf sich unser alltägliches Bemühen ausrichtet. Wir sind faule Socken und Bequemlichkeitsfanatiker und wenn wir jammern, dass uns die Widrigkeiten des Seins und die Niedrigkeiten unserer Mitmenschen heimsuchen, sollten wir uns ernsthaft fragen, ob wir tatsächlich unsere Probleme lösen wollen oder lieber im Selbstmitleid baden. Falls wir sie lösen wollen, müssen wir bereit sein für das, was im Märchen Aschenputtel „Die Guten ins Töpfchen, die Schlechten ins Kröpfchen" heißt. Wir müssen Auslese betreiben, wir müssen unsere Taten, unsere Absichten, unsere Gedanken einer Prüfung unterziehen, jeden Einzelnen. Wer tut das schon freiwillig? Die Zerreißprobe verleiht uns die nötige Kraft dazu.

Die Zerreißprobe ist ein innerer und äußerer Druck, der, ohne unser Zutun, entsteht, wenn wir unseren inneren Werten und Überzeugungen folgen. Wir können den Fragen, die dann entstehen nicht ausweichen. Wir können nicht länger gelassen bleiben. Wir sind aufgeregt, aufgescheucht und wir bleiben es, solange bis wir alle Guten im Töpfchen haben. Nicht nur in einer

Frage, sondern in all den Fragen, die sich, eine hinter der anderen auftun, bis wir bei der schwerwiegendsten angelangt sind.

Deine Aufgabe

Bitte führe dir deine Herzenskraft vor Augen und frage dich, in welche sogenannte Bredouille sie dich bringen wird. Welche Menschen werden irritiert sein, welche Konflikte werden entstehen? Welche inneren Konflikte bringt die neue Ausrichtung deines Lebens hervor? Wähle einen Konflikt aus, der am meisten Spannung mit sich bringt, und notiere ihn.

_____

_____

_____

_____

_____

Liebst du Spannung?

Seit vielen Jahren bilde ich Autorinnen und Autoren darin aus, spannend zu schreiben. Spannung zu erzeugen ist die wichtigste Fähigkeit eines Geschichtenerzählers. Was wir im Leben vermeiden: spannende Situationen lieben wir in Film und Fernsehen. Was das Leben uns überall großzügig anbietet: spannungsreiche Konflikte, danach suchen meine Studenten und ich auf Schweiß treibende Weise passend zu unseren erdachten Geschichten: echte Zerreißproben – garantierte Spannung. Keine künstlich aufgeputschten Dramen, nein, solche die das Leben aus sich selbst gebiert.

Die Fähigkeit, Zerreißproben anzunehmen und auszuhalten gehört zu den größten Überlebens- und Erfolgskünsten. Die Neigung, Zerreißproben auszuweichen, die das Leben unvermeidlich an uns heranträgt, gehört zu den größten Risikofaktoren unseres Wohlseins.

Wir können die Herausforderung annehmen oder ihr ausweichen, in beiden Fällen wird sie uns ereilen. Es gibt keinen Blümchenpfad ins Paradies.

Deine Aufgabe

Bitte erinnere dich an eine Szene in einem Film oder Roman, die du als besonders spannend empfunden hast. Was genau war so spannend? Und wie kannst du eine ähnliche Spannung in deinem Leben wiederfinden? Vielleicht geht es in deinem Leben nicht gerade um den Weltuntergang, aber emotional um eine ähnlich brisante Frage, zum Beispiel: Soll ich es wagen, etwas Riskantes auszuprobieren, hinter dem ich voll und ganz stehe, das aber von außen stark angezweifelt wird? Bitte notiere:

_____

_____

_____

_____

_____

Wir sind Nomaden

Ich habe nun ausführlich betont, wie unangenehm Zerreißproben sind und warum sie spannungsgeladen sein müssen. Eine wesentliche Fähigkeit, um Zerreißproben gut zu durchleben, ist ein nomadisches Bewusstsein. Wenn man fragt, wie die Natur Zerreißproben durchsteht, ist die Antwort einfach: Der kürzeste Weg ist der Weg mittendurch. Man kann es auch Prozessbewusstsein nennen. Oder anders:

Wir Menschen halten das Leben gern für ein Standbild, aber es ist eine Reise.

Die Natur lehrt uns, die Vorzüge des Reisens wieder zu entdecken. Reisen bedeutet Bewegung. Bewegung ist Fluss, Bewegung ist Kraft, Bewegung ist Ankommen und Gehen. Reisen bedeutet, dass wir an einem bestimmten Ort sind und zugleich wissen, dass dies nur vorübergehend sein wird. Unser Leben bewegt sich in Zyklen: Geburt, Kindheit, Jugend, Erwachsenenalter, Alter, Tod. Die Natur bewegt sich durch Frühling, Sommer, Herbst und Winter. Auch wenn wir uns unser Leben lang am selben Ort aufhalten, sind wir Nomaden. Es spielt keine so große Rolle, ob wir innerlich oder äußerlich reisen. Entscheidend ist, dass wir uns an die Bewegungen des Lebens anpassen und mit ihnen fließen. Das unterscheidet uns Menschen von der Natur: Dass wir Widerstand leisten. Ein Verhalten, das vom Standpunkt der Natur aus nur als verschwenderisch und als nicht überlebensförderlich betrachtet werden muss.

Der zweite Teil der Reise ist der Grund, warum wir die Reise antreten

Das Herz der Kreatur markiert die Mitte der Reise. Mit der Zerreißprobe befinden wir uns im zweiten Teil der Reise. Hier wird es steinig. Denn auch dies ist ein Gesetz der Wildnis: Wir können uns nicht heilen, nicht verwandeln und kein Ziel erreichen, wenn wir nicht die Herausforderungen des irdischen Lebens annehmen: Hunger, Durst, Kälte, Hitze, wilde Tiere, wilde Menschen, Geburt, Tod, Krankheit, Trauer, Zorn, Angst und Erleuchtung. Es ist schön aufzubrechen, aber Reisen bedeutet, Gefahren zu begegnen und zu überwinden. Lebendigkeit erfahren wir, indem wir ins Leben hineingehen, anstatt hinaus.

Naturkraft ist Wandlungskraft

In der Zerreißprobe brauchen wir zum ersten Mal die Fähigkeit, eine spannungsgeladene Situation voll und ganz anzunehmen und zugleich zu wissen, dass sie nur vorübergehend ist.

Im ersten Teil der Reise suchen wir nach Antworten, sind neugierig und fühlen uns magisch angezogen. Im zweiten Teil der Reise stecken wir tief drin und können nicht zurück.

Nachdem wir unsere Herzenskraft in unser Leben eingeladen haben, können wir sie nicht mehr ungeschehen machen. Wenn wir lieben, lieben wir. Unser Herz nimmt seinen eigenen Weg. Während wir im ersten Teil der Reise versucht haben, mit unserem Herz in Kontakt zu kommen und froh waren, wenn uns etwas wirklich berührt hat, sieht die Herausforderung im zweiten Teil genau andersherum aus: Jetzt, wo wir fühlen und lieben, müssen wir aufpassen, dass wir nicht von unserer Urkraft verschlungen werden.

Wir haben eine Kraft auf den Plan gerufen, die größer ist als das, was wir bisher kannten und nun haben wir es damit zu tun. Die einzige Möglichkeit, nicht verschlungen zu werden, ist, alles Feste und Starre aufzugeben und uns in den Fluss der Verwandlung zu begeben.

Deine Aufgabe

Wandlung macht zunächst Angst, deshalb möchte ich dich in eine Erfahrung einladen, wo du Wandlung als etwas Selbstverständliches in dir erkennst, wie der Wechsel von Frühling zu Sommer. Bitte erinnere dich an eine Frage, die dich vor ein paar Wochen stark beschäftigt hat, vielleicht etwas, was mit deiner Arbeit zu tun hat oder mit einer Beziehung. Dann frage dich, was du heute gegenüber dieser Frage empfindest. Etwas hat sich verändert. Das ist dir vielleicht gar nicht bewusst oder es ist dir bewusst, aber du hast es noch nicht in einem größeren Zusammenhang gesehen.

Die Verhältnisse ändern sich andauernd, auch ohne unser Zutun. Selbst wenn wir uns gegen jede Veränderung stemmen, die Welt um uns herum verändert sich – und wir uns mit ihr.

Mache eine Notiz über eine Veränderung, die in den letzten Wochen deines Lebens vor sich ging. Wie fühlt es sich an?

_____

_____

_____

_____

Schritt 7: Zerreißprobe

Wir haben die Vorstellung, dass sich alles zum Besseren wandeln muss

Wandlung ist für die meisten von uns verknüpft mit dem Wunsch, dass es besser wird. Es kann nicht besser werden, wenn es nicht zuerst schlechter wird. Es kann nur besser werden, wenn wir zusätzliche Kraft gewinnen – aus dem unbewussten Kraftreservoir. Wenn wir Kontakt mit der Wildnis in uns finden. In der Wildnis begegnen wir als Erstes genau jenem Widerstand, genau jenen Schatten, Ärgernissen und Ängsten, die uns dazu bewegt haben, etwas Besseres zu wünschen. Wir können sie nicht einfach wegzaubern oder verschwinden lassen durch pure Willenskraft. Wir müssen sie annehmen.

Je länger wir an der Vorstellung festhalten, dass nur Gutes und Angenehmes geschehen darf, desto mehr trockenes Holz sammeln wir an, das irgendwann ein großes Feuer entfachen wird. Indem wir uns der Wandlung hingeben, räumen wir auf in unseren Innenräumen. Buenos Airos zum Beispiel ist eine Stadt, in der es für viele Menschen dazu gehört, einmal in der Woche, einen Therapeuten oder Psychoanalytiker aufzusuchen. Andere Völker haben ein reichhaltiges Repertoire an Ritualen, um das innere Gleichgewicht der Einzelnen und der Gemeinschaft aufrechtzuerhalten. In unserer Geschichte haben die Kirche, ihre Pfarrer und Priester dafür gesorgt, dass wir unsere innere Arbeit erledigen, unser inneres Haus aufräumen.

Menschen war schon immer bewusst, dass Innenwelt und Außenwelt sich reflektieren. In der Natur erleben wir den direkten Beweis. Die Natur ist materialisierte Innenwelt oder anders: Unsere Innenwelt folgt den Gesetzen der Natur viel eher als den Gesetzen unserer menschlichen Zivilisation oder unserer rationalen Weltanschauung.

Die Natur ist kein funktionierendes Getriebe, sondern ein lebendiger Organismus genau wie unser Innenleben.

In der Begegnung mit der Natur finden wir einen breit gefächerten Spiegel unserer inneren Welt und wir alle sollten in diesen Spiegel schauen, denn dort finden wir nicht nur unseren Schatten, sondern auch ungeahnte Schätze.

Wir erkennen, dass wir letztlich alle Natur sind, und dass die Natur das Beste an uns ist.

In dem wir unserer inneren Wildnis immer wieder einen Besuch abstatten, werden wir zu erfahrenen inneren Reisenden. Und das ist der größte Gewinn an dem Ganzen, der Sinn des Ganzen und das unausweichliche Muss.

Deine Aufgabe

Hast du dir schon einmal Gedanken gemacht darüber, dass inneres Reisen, freiwilliges oder unfreiwilliges, deinen Mut stärkt, deine Persönlichkeit zum Vorschein bringt, dass es überhaupt einen großen Gewinn darstellt? Oder stehst du auf dem Standpunkt, dass das Leben dich ärgert, ungerecht ist und du am Ende immer als Verlierer dastehst, mit nichts als Ärger? Auf einer Skala von 1 bis 10, wo siedelst du dich ganz ehrlich an?

1........2........3........4........5........6........7........8........9........10
(geplagter Reisender)   (erfahrener Reisender)

Festhalten oder Loslassen

Nachdem ich einige Jahre inneres Reisen auf dem Buckel hatte, nahmen meine Gefühlsprozesse eine transzendente Dimension an. Nicht, dass die Zerreißproben jetzt an ein Ende gekommen wären. Sie änderten nur ihre Gestalt. Eines Tages wurde mir be-

Schritt 7: Zerreißprobe

wusst, dass ich mich gewohnheitsmäßig so sehr dem Flow hingab, dass ich die Kontrolle über meine Absichten verloren hatte. Ich konnte sie nicht mehr steuern, ich wusste nicht, wohin sich meine Absicht als Nächstes richten würde. Das war ziemlich beängstigend. Denn es bedeutete, dass ich nichts mehr versprechen konnte. Es bedeutete, dass ich nicht mehr zuverlässig war, dass andere mir nicht mehr trauen konnten und ich mir selbst nicht. Oder vielleicht doch?

Als Künstlerin war ich es gewohnt, unbewussten Manövern ausgeliefert zu sein und ihnen zu folgen, aber nun griff das Ganze auf mein Leben über, auf jeden Augenblick. Es ergriff meine Identität, alles, was ich mir je gewünscht hatte, stand in Frage, alles, was ich mir als Perspektive vorgestellt hatte, worauf meine Pläne und Absichten zielten. Ich empfand abwechselnd Angst, Traurigkeit und Ärger, einmal wollte ich dies, im nächsten Augenblick das. Nichts war von Dauer. Plötzlich wurde ich von Tränen übermannt, scheinbar ohne Anlass. Dann war ich wieder von einer großen Glückseligkeit erfüllt. Lauter starke Zerreißproben. Mir war als müsse ich mein ganzes Leben loslassen. Öfters dachte ich ans Sterben. Nichts bedeutete mir mehr etwas. Ich spürte eine starke Bindung zu den Menschen, die ich liebte, meine Familie, meine Tiere, meine Freunde, aber auch diese Bindung hatte etwas Losgelöstes.

Interessanterweise verbesserten sich manche Beziehungen, ich war nicht mehr so verstrickt. Anfangs hatte ich Schuldgefühle, ich glaubte, ich sei nicht mehr loyal, ich verrate die Beziehung, ich würde die Beziehung verlassen, aber das war nicht der Fall. Ich spürte weiterhin intensive Liebe, stärker und reiner als zuvor. Und zugleich dieses Loslassen. Loslassen müssen. Als wolle ich mit den Händen nach der Wirklichkeit greifen – und da war nichts. Nicht nur meine Absichten hatten sich aufgelöst, auch mein Ehrgeiz, meine Ambitionen erschienen mir nur noch wie Gespenster. Ich hatte Angst, dass ich meinen Antrieb verlieren würde, dass ich zu keiner Arbeit mehr fähig sein würde. Auch meine Erfolge, auf die ich stolz gewesen war, bedeuteten mir nicht mehr viel. Ich wusste auch, dass der Ehrgeiz, der mich früher angetrieben hatte, nicht mehr zurückkehren würde. Ich versuchte, meine Erfahrung mit ähnlichen Erfahrungen in meinem Leben zu vergleichen, aber ich fand keine. Etwas war anders. Ich war schon häufiger einen Ego-Tod gestorben, aber dieses Ego-Sterben nahm kein Ende. Die bisherigen Auflösungs-Prozesse waren zeitlich begrenzt und erklärbar gewesen, aber dieser war mysteriös und ich war sicher, dass er kein Ende haben würde. Zumindest zum jetzigen Zeitpunkt fühlte es sich so an, aber vielleicht war das auch nur eine der Illusionen, die sich bald auflösen würde.

Nichts als ein Spaziergang im Wald

Die Wandlung, die ich schließlich erlebte, passierte wie nebensächlich während eines Spaziergangs. Ich setzte einen Fuß vor den anderen, mehr gab es nicht. Keine Gedanken, kein in mich Hineinhorchen, kein vor mich hin Träumen. Der Höhepunkt des Nichts, auf das ich seit Längerem zusteuerte. Es war auf einmal da: Nein, ich würde nicht zurückkehren in etwas Festes. Ich war jetzt da angelangt, wo es nichts Festes mehr gab: Bei der ewigen Wandlung. Ich verlor mich nicht mehr in starken Gefühlen. Ich empfand sie nach wie vor, aber sie hatten ihre totalitäre Herrschaft über mich verloren. Viele meiner Absichten, auch mein Ehrgeiz, waren gespeist gewesen von impulsiven Gefühlen, Bedürfnissen, Süchten, Abhängigkeiten und diese hatten sich aufgelöst. Ich war frei!

Ich hatte eine weitere Absicht losgelassen, die Absicht eine Absicht haben zu müssen und das Gefühl war unbeschreiblich befreiend. Die Farben kehrten zurück, die Gerüche, der Schwung in meinem Schritt. Ganz verrückt: Ich hatte wieder Absichten, die Absicht, den Hang hinaufzurennen und auf

das Tal zu schauen, aber diese Absicht entsprang reiner Freude. Sie war pure Lebenskraft, unendlich erfrischend.

Je länger ich auf der inneren Reise in die Naturkraft bin, desto mehr erfahre ich, dass die Wandlungen nach außen hin unspektakulär sind, nach innen hin aber zwangsläufig, notwendig und magisch. So wie die Natur selbst: unspektakulär und tief beeindruckend.

Deine Aufgabe

Beschreibe eine solche innere Wandlung, die scheinbar unbemerkt vor sich ging, die jedoch vieles verändert hat.

_____

_____

_____

_____

_____

Feine Veränderungen wahrnehmen lernen

Die meisten Veränderungen in der Natur gehen unscheinbar, kaum merklich vor sich. Ähnlich passiert es in unserem Leben. Wir haben das Gefühl, dass sich nichts verändert bis eines Tages jemand oder etwas an uns herantritt. Das Ereignis an sich ist vielleicht nicht so dramatisch, aber unser Nicht-darauf-

vorbereitet-sein.
Wenn wir schon öfters solche Überraschungen erlebt haben, erscheint uns das Leben als ein von wilden Tieren bevölkerter Dschungel und wir leben in einer ständigen Alarmbereitschaft. Das macht es natürlich nicht besser. Das Leben verpasst uns ein Trauma nach dem anderen und mit jedem neuen Trauma geht ein Stück unserer Wahrnehmungsfähigkeit verloren. Im Nachhinein, wenn wir das ganze Bild sehen, wird uns oft klar, dass wir vieles geahnt haben. Genau jene Ahnung können wir kultivieren. Wir können lernen, auf unsere Träume zu hören, Störspannungen wahrzunehmen, nachzuprüfen und nachzufragen, wenn uns etwas irritiert.

Wenn wir unseren Radar ein wenig feintunen, – was du ja übst mit diesem Buch – können wir die Nachtigallen früh genug trapsen hören. Unser Gefühl, vom Leben wie ein Raubtier aus dem Hinterhalt angefallen zu werden, verwandelt sich in das Gefühl, der faszinierenden Entfaltung aller notwendigen Wirkkräfte zuzusehen und im richtigen Augenblick mit Lust und Inspiration auf die Tanzfläche zu treten.

Ich danke dir, dass du mir bis hierher gefolgt bist und dich auf den zweiten Teil der Reise einlässt, in dem wir den Scheinwerfer auf die Dunkelheit richten.

Deine Aufgabe

Als letzte Aufgabe gehe bitte noch einmal deine Aufzeichnungen zum Schritt Zerreißprobe durch und notiere in der Übersicht am Ende des Buches, was dich am meisten bewegt hat. Notiere entweder eine Zerreißprobe, in der du steckst oder eine Erfahrung, die du mit der Energie der Zerreißprobe gemacht hast. S. 236.

Schritt Acht: Scheitern

Es gibt nichts Besseres als authentisch zu scheitern.

Der Schritt „Scheitern" ist einer der unbeliebtesten auf der Reise. Ich könnte ihm auch einen anderen Namen geben, aber ich mag den Widerstand, den der Begriff hervorruft. In meinen Workshops erlebe ich nicht nur Widerstände gegen den Begriff, sondern höchst erfinderische Widerstände gegenüber der Erfahrung des Scheiterns, in die ich die Teilnehmer einlade. Niemand will scheitern. Das Scheitern wird wie ein Stück heilige Scheiße fallengelassen, sobald es sich nähert.

Schritt 8: Scheitern

Selbst in meinen Schreibseminaren, zu denen Autoren kommen, um spannende Geschichten zu erfinden, in denen nicht der Autor selbst, sondern nur eine erfundene Figur scheitern soll, haben die Autoren die größten kreativen Blockaden. Obwohl sie wissen, dass es ohne Scheitern keine spannende Geschichte gibt. Das ist die Weisheit der Geschichtenerzähler dieser Welt: Niemand will eine Geschichte hören, in der ein gutaussehender, talentierter Held einem königlichen Ruf folgt, alle Gegner besiegt, ohne einen Kratzer die bildhübsche, begabte Tochter des Königs heiratet und ein blühendes Reich regiert. In diesem Fall sind die Zuhörer längst an das Lagerfeuer eines anderen Erzählers gewandert, dessen Held von einem Riesendrachen verschlungen wird, während die Königstochter sich einem anderen hingibt.

Wir müssen nicht den Weg des geschlagenen Helden gehen, um Glück und Erfüllung zu finden. Absichtsvoll inszeniertes Scheitern, maßgeschneiderte Selbstzerstörung, selbstverliebtes Anti-Heldentum bringen uns genauso wenig voran, wie die Selbstsuggestion, dass wir unverletzbar wären.

Um das Scheitern selbst müssen wir uns nicht kümmern, das liefert das Leben kostenlos mit. Wir müssen uns lediglich darum kümmern, wie wir uns gegenüber dem echten authentischen Scheitern verhalten wollen.

Ich werde zu Beginn dieses Kapitels viel Werbung für die wilde Kraft machen, die im authentischen Scheitern steckt. Es gibt keine Transformation, keine Verwandlung und keinen Kraftzuwachs, wenn wir zuvor nicht bereit sind, uns bewusst zu machen, woran wir scheitern, im Augenblick oder immer wieder. Der Pfad zur Glückseligkeit ist gepflastert mit Abgründen, felsigen Klippen und Gruben, die nur darauf warten, dass wir hineinfallen.

Vielleicht sagst du jetzt freimütig: Okay, ich bin bereit. Aber da melde ich gleich mal ein paar Zweifel an und frage dich: Bist du so willig zu scheitern, weil du natürlich auch im Scheitern die

Schritt 8: Scheitern

Nummer 1 sein willst und alles richtig machen?

Warum ich so skeptisch bin? Unser Buch- und Workshopmarkt ist überflutet von Büchern und Lebenshilferezepten, die sofortige Gesundheit, Wohlstand und Glück versprechen, ohne dass wir viel dazu tun müssen. Diese Bücher sind sehr erfolgreich. Vom Scheitern ist da meist nicht die Rede. Ganz im Gegensatz zu den Bibliotheken unserer philosophischen Fakultäten, in denen weise Männer aus Jahrtausenden uns darauf hinweisen, dass das Leben eine wohl zu bedenkende Angelegenheit ist, und der Weg zur Weisheit eher zur Tonne des Diogenes führt als zum Weltreich von Alexander dem Großen. Ich halte nicht viel vom Abschweifen, aber diese kleine Lieblingsgeschichte von mir, möchte ich schnell erzählen: Alexander der Große besuchte den Philosophen Diogenes, der, wie alle Welt wusste, in einer Tonne lebte – was eine Art praktischer Demonstration seiner Philosophie darstellte: Weniger ist mehr. Alexander der Große pflanzte sich, wahrscheinlich mit einem Trupp Body Guards, vor der Tonne des Diogenes auf und sagte: „Ich erfülle dir jeden Wunsch, der in meiner Macht steht. (mit dem Subtext: ‚und meine Macht ist groß, auf alle Fälle größer als deine.') Was wünschst du dir?" Worauf Diogenes lässig mit den Augen zwinkerte und antwortete: „Geh mir aus der Sonne."

Das ist Naturweisheit im Alltag. Naturweisheit orientiert sich an der Hierarchie der Wichtigkeiten. Das Wichtigste zuerst. In diesem Fall das Sonnenlicht, die Unabhängigkeit, die Selbstbestimmung. Die Natur wählt die Freiheit vor der Unterwerfung. Das kann man bei jedem Tier beobachten, das die Wahl hat. Das brachte Diogenes mit seinem Satz auf den Punkt.

Wir scheitern an unserem inneren Gefängnis.

Wenn wir scheitern, scheitern wir nicht an unserer Urkraft oder an unserem echten Wesen, sondern nur daran, dass wir Dingen Wichtigkeit verleihen, die keine haben. Ich werde dich jetzt nicht auffordern, Hab und Gut zu verkaufen und es Diogenes nachzu-

Schritt 8: Scheitern

tun. Diogenes hatte seine eigene Geschichte, die ihn dazu brachte, so zu leben. Ich will dich mit der Geschichte an deine innere Freiheit erinnern, die immer da ist.

Unser Bedürfnis nach Freiheit und Selbstbestimmung ist eine unzerstörbare Naturkraft und sie tritt auf den Plan, wenn die Mauern zu dick werden, die Demütigung zu groß, die Abhängigkeit zu niederdrückend. Schon als Neugeborene, wenn wir diesen Schrei tun, spüren wir sie, die Urkraft. Wir spüren sie unsere ganze Kindheit hindurch, die ein einziger Weg zu Freiheit und Selbstbestimmung ist, mit jedem Schritt, den wir laufen lernen, mit jedem Wort, das wir sprechen lernen. Selbst in der größten Bedrängnis erinnert sich etwas in uns daran. Oft, wenn die Firma pleite geht, das Paar sich trennt, das Projekt stirbt, erwacht sie in uns: auf eine Art und Weise, die wir nie erwartet haben. Pema Chödron, die bekannte buddhistische Lehrerin und Autorin, wurde von ihrem Mann verlassen und erlebte daraufhin einen kraftvollen spirituellen Weg. Ich selbst scheiterte am Schreiben für den Mainstream und fand meine eigene Stimme. Die Geschichte von Jesus Christus erzählt, dass er sein Leben verlor und dadurch Unsterblichkeit errang. Jeden Abend, wenn wir den Fernseher einschalten oder einen Roman lesen, erleben wir diese Naturweisheit:

Im Scheitern kommen wir zu uns selbst. Im Scheitern bleibt das von uns, was unzerstörbar ist: unser Atem, unsere Lebenskraft, unsere unzerstörbaren Träume und unser einzigartiges Talent.

Wenn wir scheitern, scheitern wir nur an Illusionen. Die erste Illusion, die ich mit dir zerpflücken möchte, ist eine spirituelle. Wir leben in einer so genannten freien Marktwirtschaft mit dem Grundsatz: Wer verkauft, hat recht. Die Illusion von Glück durch Selbstsuggestion, Konsum und Zucker verkaufen sich sagenhaft gut. Wir vergiften unseren Körper und unseren Geist und bezahlen auch gern dafür.

Schritt 8: Scheitern

Glücksversprechen: Droge oder Medizin

Da ich selbst seit fast dreißig Jahren veröffentliche und seit fünf Jahren einen eigenen Verlag führe, weiß ich, was sich verkauft und was nicht. Es ist ja auch vollkommen verständlich, wenn ich tief in der Tinte sitze, dass ich lieber ein Buch kaufe, das „Glücklichsein durch Herzenskraft" heißt (von mir erfundener Titel, ich möchte keinem Autor oder Verlag zu nahe treten) als ein Buch: „Für immer betrübt: Finde dich ab." Unser Bedürfnis nach stetem Zufluss von Glücksversprechen ist unserer alltäglichen Erfahrung von Frustration und Ausweglosigkeit diametral entgegengesetzt. Wir empfinden viel Frustration und lesen viele heitere Ratgeber, die Verbesserung versprechen aber eher Entertainment sind ohne Konsequenz. Wir verpassen uns mit Büchern und Artikeln kurzfristige Wohlseinsspritzen, sprich wir benutzen sie als Droge anstatt als Medizin.

Ernsthafter Lebensrat ist eine Fahrt in die Unterwelt.

Bücher und Philosophien dieser Art bewegen schon immer die Welt und verändern sie. Auch wenn ihre Autoren und Erfinder selbst oft auf dem steinigen Pfad mit untergehen wie Nelson Mandela, Martin Luther King oder Herrmann Hesse, an dessen Todestag die deutschen Zeitungen voll von Schmähartikeln über ihren weltweit geliebten Autor waren.

Gelähmt aus Angst vor dem Scheitern, bleiben wir in unserem Frust hängen.

Scheitern geschieht und in vielen Fällen können wir nichts dafür. Entweder die äußeren Umstände waren widrig oder wir waren innerlich nicht vorbereitet. Die viele neuen Philosophien, nach denen jeder seines Glückes Schmied ist, sind zwar verlockend in der Hinsicht, dass wir alles selbst bestimmen können, aber niederschmetternd, wenn wir uns das Scheitern dann auch ganz allein auf die Fahne schreiben dürfen. In einer bestimmten spirituellen Dimension mag es zutreffen, dass wir an allem unseren Anteil haben, aber um dieses Bewusstsein zu entwickeln, müssen wir viel und oft und authentisch scheitern. Scheitern ist eine Übung in Nicht-Anhaftung wie die Buddhisten es nennen würden.

Eine der augenfälligsten Erfahrungen, die wir machen, wenn wir schließlich tatsächlich scheitern und uns nicht länger etwas vormachen können, ist die Erfahrung, dass es gar nicht so schlimm ist, wie wir dachten. Das Scheitern selbst ist weniger schlimm als die Angst davor. Das Scheitern ist unvermeidlich, die Angst davor nicht. Deshalb geht es auf diesem Schritt der Reise um zwei Dinge: Erstens darum zu erkennen, was einfach nicht funktioniert und zweitens uns unsere Angst vor dem Scheitern bewusst zu machen und zu lernen, es leichter zu nehmen.

Die Natur verschwendet keine Energie.

Tiere zum Beispiel verbringen keine unnötige Zeit damit, darüber nachzugrübeln, was alles schief gehen könnte oder warum etwas schief ging. Sie verbringen Zeit mit dem Entwerfen von Alternativen. Weil sie so wenig gelähmt sind von unnötiger Angst, ist ihre Kreativität hinsichtlich ihrer Handlungsalternativen breit gefächert und ungetrübt. Es ist nicht so, dass Tiere keine Angst haben, sie haben angemessene Angst. Gefühle kosten Kraft und die Natur verschwendet keine Kraft. Deshalb verwendet die Natur auf das Scheitern nur die notwendige Energie. Die Natur strebt energetisch nach einem Zustand von Glückseligkeit, Stille und Mühelosigkeit. Dieser Zustand ist zugleich energiesparend, gesundheitserhaltend und auf das optimale Überleben ausgerichtet.

Tiere sind erstaunlich glücklich. Deshalb macht es auch so viel Spaß, sie um sich herum zu haben.

Schritt 8: Scheitern

Selbst die höchst traumatischen Bedingungen, denen Tiere von uns Menschen völlig ungerechtfertigt unterworfen werden, ertragen sie mit einer Geduld, die man nur als erleuchtet bezeichnen kann. Es ist wahr, das Leid, das wir den Tieren zufügen, fügen wir in viel größerem Maße uns selbst zu.

Deine Aufgabe

Eine kurze Bestandsaufnahme zum Thema Scheitern. Wie fühlst du dich bei der Beschäftigung mit dem Scheitern? Freust du dich darauf, tiefer einzusteigen, verspürst du Angst vor einer unangenehmen Entdeckung? Mache eine kurze Notiz:

_____

_____

_____

_____

Den Raum des Herzens wieder herstellen.

Dein Verstand hat begriffen, was ich meine. Unser Verstand hat keine großen Probleme, Scheitern einzugestehen und Fakten anzuerkennen. Viel schwieriger fällt es unserem Herzen. Wenn wir an etwas scheitern, was uns wirklich weh tut, sind wir verletzt auf der Herzensebene. Hier sitzen alte Verletzungen, die uns häufig schon ein Leben lang begleiten. Diese bewusst zu machen ist die Herausforderung und hier sind auch ein wenig die

Schritt 8: Scheitern

Grenzen eines Buches erreicht. Dabei kann uns ein Therapeut helfen, ein Coach, ein Begleiter auf dem spirituellen Weg. Denn hier handelt es sich um Blindstellen, die ein Auge von außen leichter erkennt. Zumindest so lange, bis wir gelernt haben, unsere eigene Naturstimme deutlich zu hören. Mit diesem Rat möchte ich dich nicht in neue Abhängigkeiten hineinmanövrieren, sondern nur sagen, dass gute Lehrer hilfreich sind.

Die Verletzungen unseres Herzens sind nicht kompliziert. Es geht weniger darum, sie zu kennen als sie zu fühlen. In der nächsten Aufgabe lade ich dich ein, den Raum deines Herzens genauer zu spüren. Stell dir vor, dein Herzraum ist ein Raum mit eigenen Farben, vielleicht eine Landschaft, ein Wald, eine Steppe, vielleicht ein Gebäude, vielleicht ein Zimmer, vielleicht ein Raum aus Energie, vielleicht auch nur ein Gefühl. Hier kannst du einen vertraulichen Dialog mit deinem Herzen führen. Stelle dir vor, dass es dir ehrliche Antworten gibt. Dass diese Antworten nur für dich bestimmt sind und nicht nach außen getragen werden. Bitte lies die dir unten stehenden Sätze durch und lausche, ob dein Herz reagiert, ob es einen bestimmten Schmerz kennt und im Augenblick erleidet. Ob es einen bestimmten Schmerz vielleicht schon lange kennt.

- o Ich werde nicht gesehen, als der oder die, die ich bin.

- o Ich werde nicht genügend geliebt.

- o Ich werde nicht gehört.

- o Ich werde zurückgewiesen und weiß nicht warum.

- o Ich werde missachtet.

- o Ich werde gedemütigt.

- o Ich werde ausgenutzt.

Schritt 8: Scheitern

- Ich habe nicht genügend Kraft.
- Ich bin zu müde.
- Ich glaube nicht an mich.
- Ich will mit der Welt nichts zu tun haben.
- Mir ist alles zu anstrengend.
- Ich habe keine Heimat.
- Ich bin sehr wütend und erreiche den anderen nicht.
- Ich bin verstrickt und kann mich nicht lösen.
- Die Urteile anderer verunsichern mich.
- Ich werde entwertet und kann mich nicht wehren.
- Ich bin gut zu anderen, aber sie nicht zu mir.
- _____
- _____
- _____
- _____

Wir müssen unser Herz schützen

Es geht bei dieser Aufgabe nicht darum, uns selbst Schuld zuzuweisen oder festzustellen, dass wir etwas falsch gemacht haben oder unverbesserlich defekt sind. Es geht darum, dass unser Herz nicht ewig zur Verfügung steht, um von anderen Menschen und Gegebenheiten oder eben von uns getreten zu werden. Und dass wir herausfinden müssen, was unser Herz schwächt. Dass wir für den entsprechenden Schutz sorgen müssen. Wir haben gelernt, unseren Besitz vor Übergriffen zu schützen, wir haben gelernt, unsere gesetzlichen Rechte einzufordern, unser Verstand wehrt sich heftig, wenn wir ihm logische Widersprüche antragen. Unser Herz ist jedoch oft schutzlos den vielen Verführungen um uns herum ausgesetzt. Wir öffnen unser Herz gegenüber allen möglichen Menschen, Ideen, Projekten. Später stellen wir fest, dass diese Beziehung uns verletzt oder überfordert, dass das Projekt nicht das richtige für uns ist. Unser Herz ist involviert und es nicht leicht, sich von etwas, das einem viel bedeutet hat, zurückzuziehen. Unser Herz bleibt oft lange an einer Sache hängen, auch wenn sie ihm schadet. Dann müssen wir unser Herz schützen. Wir müssen fühlen, wo wir verletzt wurden, warum, von wem, von was. Wir müssen unser Herz davor bewahren zu überschwänglich, zu anhänglich, zu loyal, zu zornig zu werden und dabei das Kind mit dem Bade auszuschütten, wie uns die alte Weisheit sagt. Das reine Herz kennt seinen Weg, aber wir leben in einer Zivilisation, in der das reine Herz manipuliert, verführt, angepasst, zugeschnitten, abgeschnitten, unterworfen und in zu enge Räume eingesperrt wird.

Unser Herz muss viel aushalten. Ab und zu müssen wir ihm klarmachen, dass die vielen bunten Lichter um uns herum keine anderen Herzen sind, die uns zuwinken, sondern Spielereien der Technik, die uns blenden wollen. Manchmal müssen wir ihm sagen, dass ein Mensch uns vielleicht von ganzem Herzen liebt, aber dass sein Herz zu schwach ist, um unseres zu erkennen. Manchmal müssen wir ihm sagen, dass es okay ist, sich zu verirren und dass man einen neuen Weg einschlagen kann, der uns wieder stark macht.

Deine Aufgabe

Was möchtest du deinem Herzen gern sagen? Auf welche Nachricht, auf welche Worte von dir wartet dein Herz vielleicht schon länger? Was hat dein Herz vielleicht nicht verstanden?

_____

_____

_____

_____

_____

Mit dem Herzen der Kreatur sprechen

Da ich in der Öffentlichkeit stehe, werde ich auch hin- und wieder angegriffen. Egal, was ich tue, irgendwem gefällt es nicht. Mein Herz ist dann immer sehr aufgebracht. Was habe ich falsch gemacht? Ich hatte doch nur die besten Absichten. Oder es ist sehr zornig. Wie ungerecht!, ruft es. Ich muss mich rächen, um es zu verteidigen. Was die Retourkutsche für eine ungerechte Behandlung angeht, ist mein Herz sehr erfinderisch. Die Wut ist eine starke Kraft. Die Ideen, die mein Herz dann ausbrütet, sind jedoch nicht dazu angetan, die Wut zu besänftigen. Sie sorgen eher dafür, dass sie weiterglüht. Meist wurde eine alte Wunde berührt, ein altes Muster, das sich wie ein Perpetuum mobile selbst am Leben erhält. Vernünftige Argumente helfen nichts. Die Wunde wurde zugefügt in einem Alter als die Vernunft noch nicht das Sagen hatte. Als es noch keine Worte gab. Ich muss dann mit meinem Herzen sprechen, dem Herz der Kreatur, meiner Naturkraft, die da ist, seit ich mich in einem Körper befinde.

Ich muss meinem Herzen versichern, dass ich nicht hereinfalle auf all die Blendungen und Täuschungen und dass ich es verteidigen werde. Dass ich nicht vergessen habe, wie groß seine Kraft ist.

Deine Aufgabe

Nimm dir einen Augenblick Zeit, deinem Herzen zuzuhören, seiner reinen, puren Stimme und schreibe auf, was du hörst:

_____

_____

_____

_____

Ist dein Scheitern nicht eigentlich ein Erfolg?

Zurück zum Scheitern: Erinnere dich daran, woran du gerade scheiterst oder schon immer gescheitert bist. Bist du tatsächlich gescheitert – oder hat dich dein Herz nur daran erinnert, dass du einer schönen Illusion zum Opfer gefallen bist? Höre auf dein Herz. Ist dein Scheitern nicht vielmehr ein Erfolg? Hat dein

Schritt 8: Scheitern

jüngstes Scheitern dir nicht klargemacht, dass du eigentlich etwas anderes willst oder suchst oder besser kannst? Das Scheitern tritt in einer Erfolgsgesellschaft gern mit so großem Rauch auf, dass wir nicht sehen, in welche Richtung unsere wilde Kraft stattdessen steuert.

Das Scheitern informiert uns über das, was nicht geht und damit im selben Maße über das, was geht: nämlich etwas anderes. Wir werden deshalb noch einmal dein Herz fragen, was es sich denn wünscht, wohin es sich gern wenden würde.

Deine Aufgabe

Wo, für was, für wen hat dein Herz Kraft?

_____

_____

_____

_____

Abgebuckelt

Ein großes Sterben. Nichts bleibt zurück. Kein Halt mehr. Wonach auch immer ich greife, es existiert nicht. Als hätte ich einen Raum betreten zwischen den Dingen.

Ein Mustang hat mich heruntergebuckelt in der Prärie von Montana, ganz einfach. Es ist Juni, in Montana beginnt die Saison. Der erste Ausritt, ein anderes Pferd erschrickt, er, ich weiß seinen Namen nicht mehr, wird angesteckt. Sein Rücken ist muskulös, blitzschnell, er steigt und schlägt aus. Ich halte mich einige Sekunden, dann begreife ich, dass ich mich nicht halten kann und lasse mich fallen. Ich segle aus dem Sattel, schlage auf, der obere Rücken zuerst, der Nacken. Ich erhebe mich, der Nacken schmerzt, der Kopf pulsiert vor Schmerz. Ich zittere, kann mich kaum auf den Beinen halten.

Die Schuldigen

Ich bin wütend auf denjenigen, der mir das Pferd zum Reiten gegeben hat. Die Pferde haben den Winter in der offenen Prärie verbracht. Dieses Pferd hätte erst langsam an Reiter gewöhnt werden müssen. Ich habe ihm jedoch gesagt, ich sei eine erfahrene Reiterin, er hat mir vertraut. Es hilft mir nicht, mir vorzuwerfen, ich hätte besser auf mich aufpassen sollen. Ich bin schon oft auf Westernpferden ausgeritten, es war nie etwas passiert. Niemand ist verantwortlich. Es ist passiert. Das ist alles.

Betäubt

Ich bin traumatisiert. Ein offener Jeep nimmt mich mit zurück, wir holpern über die Prärie, ich habe kaum genügend Kraft mich festzuhalten. Ich habe Angst, ich könnte jeden Augenblick aus dem Jeep fallen und sterben. Ich habe nicht die Kraft, dem Fahrer zu sagen, dass er anhalten soll. Ich halte mich an dem Metallbügel fest, so gut ich kann und selbst wenn ich sterbe ... ich habe keine Kraft, mich zu schützen.

Aus der Welt gefallen

Ich bin nicht mehr Teil der Welt. Innehalten, mein Kopf schmerzt.

Schlimmer ist der emotionale Schmerz. Ich habe geglaubt, alles unter Kontrolle zu haben. Pferde, mein Beruf. Warum haben mich die Pferde verlassen?

Ich hätte dich töten können, aber ich habe es nicht getan

Zwei Wochen später begegnet mir in einer schamanischen Reise der Pferdegott. Ich sehe ihn deutlich vor mir. Sein Blick ist zornig, aus seinen Nüstern schießt Feuer. "Ich hätte dich töten können", sagt er. "Aber ich habe es nicht getan." Ich verstehe augenblicklich, was mir hier gesagt wird. Der Pferdegott erinnert mich daran, dass ich die Macht, die ich zu haben glaubte, nie hatte. Ich habe keine Macht über das Schicksal oder die Geschehnisse. Ich werde ganz ruhig. Hier, an diesem Ort fühle ich mich zu Hause. Hier ist keine Illusion.

Ich falle, falle vorbei an vielen Stockwerken, alle ausgestattet mit Überzeugungen, Fakten, Beziehungen, Orten, Gegenständen. Mir wird bewusst, dass es nichts gibt in meinem inneren und äußeren Leben, woran ich mich festhalten kann, kein Mensch, kein Tier, kein Ort, keine Identität. Niemand, nichts. Kein Trost, kein schneller Ausweg. Ein Prozess ist im Gang, etwas in mir wartet immer noch auf Hilfe, wenn schon nicht von anderen Menschen, dann vielleicht aus einer göttlichen Quelle. Aber auch da gibt es keinen Halt. Alles Illusion. Abhängigkeit. Ich spüre, da ist etwas Unbekanntes, etwas, das mich auf einen anderen Weg führt. Aber dieses Etwas ist keine neue Vision, keine Offenbarung, es hat keine konkrete Form. Es ist, wie der Poet Rumi schreibt, ein großes inneres Verbrennen. Und was bleibt? Nichts. Das macht mir Angst, aber genau das ist es, worauf ich zustrebe. Fallen und am Boden ankommen. Ich will keine Hilfe. Ich will da sein, wo keine mehr Illusionen sind. Dieser Ort erscheint mir anziehend. Ich bin still. Ich lausche in die Stille.

Der Pferdegott, langsam kann ich seine Weisheit annehmen.

Schritt 8: Scheitern

Er ist derjenige, der mich auf dem Weg der Entzauberung führt. Er nimmt alles weg, um den Blick klarer zu machen. Er ist der große Aufräumer. Mit dem Aufräumen kehrt die Kraft wieder. Mit dem Wegfallen der Illusionen entsteht eine neue Kraft. Sie ist noch sehr zart, aber sie ist da. Der Pferdegott ist eine machtvolle Energie. Er erscheint in der Form von Unglück, von Scheitern, von Unfall. Er weckt großen Widerstand – darin liegt seine Kraft. Indem die Widerstände sichtbar werden, verlieren sie ihre Macht. Was bleibt übrig, wenn alles verloren ist? Das ist die Frage, die der Pferdegott stellt.

Deine Aufgabe

Erinnere dich an einen Unfall oder ein anderes Erlebnis, das dir viel Kraft entzogen hat, das du als großes Scheitern, als Absturz, als Tragödie, als großen Fehler, als großen Verlust und Schmerz erlebt hast. Was blieb übrig von dir? Notiere ein paar Worte.

_____

_____

_____

_____

Vielen Dank, dass du den Mut hattest auch diesen Schritt der Reise zu durchleben. Nun bist du vorbereitet, auf die große Prüfung, zu der du durch all die anderen Schritte hingeführt wurdest. Du kannst auf deine innere Kraft und Weisheit vertrauen, dass sie dir auch hier beistehen werden.

Schritt 8: Scheitern

Bevor du dich dem nächsten Schritt widmest, gehe bitte noch einmal deine Aufzeichnungen zum Schritt Scheitern durch und notiere in der Übersicht am Ende des Buches, S. 236, was dich am meisten bewegt hat.

Schritt 9: Verwandlung

VERWANDLUNG

Schritt Neun: Verwandlung

Die Lebens- und Weltrettungskunst

In diesem Schritt geht es um die Kunst der Transformation, um den Prozess, der das Naturgeschehen mehr als alles kennzeichnet – um die Kunst, die für uns heutige Menschen wohl am schwersten erlernbar ist. Die Kunst, die man am wenigsten trocken und aus einem Buch lernen kann. Die am nächsten am Leben und an der Erfahrung dran ist. Die Lebensrettungs- und die Weltrettungskunst, wobei mit Welt die menschliche Spezies gemeint ist. Die gute Nachricht: Sie ist erlernbar, sonst würde ich dieses Buch nicht schreiben, sonst würde ich sie nicht lehren und selbst anwenden, um stets neue Orkane zu durchleben und stets ein wenig mehr zu staunen über die Wunder und Glückseligkeiten, die das irdische Leben bereithält.

Unsere Vorfahren, deren Lehrer die Natur, die Tiere, die Pflanzen, die Gestirne waren, waren stark in dieser Kunst. Davon zeugen ihre Geschichten, Mythen und Legenden. Das schreibe ich nicht, weil wir alle anfangen sollen, griechische Mythen zu studieren, sondern, um uns daran zu erinnern, dass die Fähigkeit, uns zu verwandeln in unseren Genen, in unserem Bewusstsein angelegt sind und weil wir heute unsere eigenen Mythen, Legenden und Geschichten schaffen, wie es unsere Vorfahren zu ihrer Zeit auch getan haben. Geschichten, die uns nicht nur unterhalten, sondern heilen, stärken und bewusst machen, wer wir sind und in welchen Wirklichkeiten wir uns bewegen.

Die Natur ist nicht mehr unser unmittelbarer Lehrer, wir sind nicht mehr so abhängig von ihr wie unsere Vorfahren. Unsere menschliche Kreativität hat Unglaubliches geschaffen, Gesundheit, Wohlstand, Genuss und zugleich Monströses: Massenvernichtung, organisierte Grausamkeit, die Möglichkeit unserer Instant-Selbstvernichtung. Auf dem Weg dorthin haben wir uns

Tausende Male transformiert und neu erschaffen. Bei all dem sind wir Körper geblieben, haben Gefühle wie eh und je, werden wir als Säuglinge geboren, altern, sterben, lieben, hassen, unterwerfen wir und geben uns hin, sind wir spirituelle Wesen mit einer Sehnsucht, fragen wir uns, wer wir sind und was das soll.

Die existentiellen Fragen sind die gleichen geblieben. Immer noch müssen die Antworten authentisch sein, unseren Verstand und unser Herz überzeugen. Die überzeugendsten Antworten, geboren aus dem puren Augenblick, aus dem Nichts, aus der puren Lebendigkeit habe ich noch immer in jenen Verwandlungen erfahren, in denen eine alte Haut abfiel wie die Blätter im Herbst und eine neue wuchs. Jene manchmal gefährlichen, stets herausfordernden Verwandlungen, in denen der Sturm meine Kleider zerfetzt hat, ebenso rücksichtslos wie mein Selbstmitleid – an deren Ende ich nicht mehr Macht besaß, aber mehr Kraft, eine herrliche, zu Tränen rührende, geschenkte, unerwartete Kraft, die keine Fragen offen ließ. Dazu möchte ich dich einladen auf diesem Schritt der Reise.

Deine Aufgabe

Wähle eine Phase deines Lebens, in der sich sehr viel verändert hat, in der du dich neu verliebt hast, Vater oder Mutter wurdest, ein Buch veröffentlicht hast, umgezogen bist, eine Ausbildung abgeschlossen oder eine neue Verantwortung übernommen hast. Ein Ereignis, das deine Identität stark verändert hat. Es kann ein aktuelles Geschehen sein oder auch etwas, das hinter dir liegt. Wer warst du vorher und wer warst du hinterher? Notiere zwei starke Eigenschaften und versuche das Gefühl einzufangen. Statt vorher: single, nachher: verheiratet, notiere zum Beispiel: vorher: habe mein Leben vollkommen frei eingeteilt, konnte diese schöne Freiheit aber mit niemandem wirklich teilen. Hinterher: Leid und Glück teile ich mit meinem Partner, ich bin nicht mehr so frei wie zuvor, aber ich übe mich, darin auch Freiheit zu fin-

Schritt 9: Verwandlung

den. Bitte notiere:

_____

_____

_____

_____

_____

Aufhören, etwas zu sein

Verwandeln können wir uns nur, wenn wir zuvor gelernt haben, loszulassen. Deshalb ist das Scheitern die beste Vorbereitung für die Verwandlung. Viele Verwandlungen passieren von selbst, nachdem wir gescheitert sind. Weil wir dann die nötige innere Unabhängigkeit haben, den Raum der Verwandlung zu betreten. Ungeübt im Verwandeln brauchen wir oft den Tritt des Schicksals, um etwas zu verändern. Je besser wir uns in unserer inneren Wildnis auskennen, desto weniger Aufforderung brauchen wir durch äußere Ereignisse. um uns zu wandeln. Wenn wir elegante, geschmeidige Verwandler geworden sind, merken wir frühzeitig, wann sich eine Identität verhärtet, wann sie anfängt abzusterben und uns die Kraft zu rauben. Wir scheitern nicht länger, weil wir nicht länger an den Ecken und Kanten festgefügter Identitäten zu Bruch gehen, sondern mit dem Fluss der Ereignisse weiterfließen. Diese Fähigkeit ist die eigentliche Naturkraft – und zugleich eine großartige menschliche Lebenskunst. Vielleicht nicht so spektakulär wie ein tolles Auto oder ein Walk of Fame über den roten Teppich, aber für jeden, der sie gefunden hat, weitaus befriedigender. Auch wenn wir weiterhin ein tolles Auto fahren

Schritt 9: Verwandlung

oder über den roten Teppich laufen oder davon träumen, tun wir es doch mit einer ganz anderen Lebendigkeit und inneren Unabhängigkeit.

Nichts Materielles kann einen Menschen so beglücken wie die eigene innere Wandlungskraft.

Keine Lebenskunst ist so bereichernd wie die Kunst der Wandlung, denn alle Künste speisen sich aus ihr. Das Paradox ist, dass wir, um sie zu erlernen uns selbst vergessen müssen, uns auflösen müssen, uns verflüssigen müssen, uns häuten müssen. Eine wahre Verwandlung ist eine Kernschmelze, wie sie im alchemistischen Verwandlungsprozess beschrieben wird, wie sie bei der Verwandlung von der Raupe zum Schmetterling beobachtet werden kann.

Im Stuttgarter Zoo kann man sich vor einen Kasten stellen, in dem schrumpelige, bräunliche Schmetterlingspuppen an kleinen Stangen hängen. Hässliche, bedrohlich wirkende Insekten, die Menschen unserer Zivilisation sofort totschlagen oder aus dem Fenster werfen würden. In dem selben Kasten kann man mit eigenen Augen sehen, wie aus diesem schrumpeligen Etwas zwei Flügel herauswachsen, sich öffnen, wie die zwei Flügel die Schrumpelhaut verlassen und ein neues, farbiges, jeden menschlichen Maler blass machendes Geschöpf davonfliegt. Wenn man sich das eine Weile angesehen hat, versteht man, dass alles, was sich Menschen an Fantasy, Verwandlung, Verzauberung ausgedacht haben, diesen einfachen Vorgang nicht an Kraft und Leichtigkeit und Magie übertreffen kann.

Der Schmetterling hat dabei schon eine längere Strecke an Transformationen hinter sich: Zuerst ist er als Raupe aus einem Ei hervorgekrochen, dann hat er sich als Raupe mehrmals gehäutet, dann in eine Puppe verwandelt, in deren Hülle er sich aufgelöst hat bis auf ein einziges Organ, sein Herz, und dann wurde er zu einem wunderschönen Schmetterling, der fliegen kann.

Menschliche Hybris ade. Ein Insekt beherrscht die Kunst, aus

Schritt 9: Verwandlung

Nichts etwas zauberhaft Schönes hervorzubringen, eine Kunst, die auch von unseren Metallschmetterlingen, Skyscrapern und religiösen Gehäusen nicht überboten werden kann. Warum ich so darauf herumreite, dass wir Menschen nicht so großartig sind, wie wir meinen? Natürlich sind wir großartig, genauso großartig wie die Natur, denn wir sind ja Natur. Nur diese Angewohnheit, uns in unsere Großartigkeit zu verlieben und darin zu erstarren, die bringt uns Nirgendwohin – im besten Falle. Im schlimmeren Fall trägt sie zu viel Elend bei. Deshalb ist es so heilsam, uns in die Natur zu begeben und uns daran zu erinnern, dass ein Insekt ebenso begnadet ist wie wir.

Das hat uns die Wildnis voraus: Sie hängt nicht an Identitäten.

Während meines Studiums der Philosophie an der Freien Universität Berlin bin ich dem Fach „Subjektphilosophie" begegnet. Es beschäftigt sich, grob umrissen, mit der Frage: Was ist das Ich? Dazu gibt es die verschiedensten Positionen, die auch die Verhältnisse der Zeit widerspiegeln, in der sie entstanden sind. Zwei bekannte gegensätzliche Positionen sind der Ausspruch des französischen Philosophen René Descartes: „Ich denke, also bin ich" und der Widerspruch von Friedrich Nietzsche, der sagt, dass ich denke beweist nicht, dass ich bin, denn schon „das Ich ist eine Erfindung der Grammatik".

Nachdem Menschen glaubten, dass sie durch das Denken der Natur überlegen seien, oder auch dass sie durch das Glauben der Natur überlegen seien und sich die Erde untertan machen sollten, fingen sie an, Tiere, nämlich Andersdenkende und Andersgläubige, als dumm und gefühllos anzusehen. Dass wir die überlegene Spezies sind ist ein tief sitzender Gedanke. Wenn wir jemals so kraftvoll und verwandlungsfähig sein wollen wie ein Insekt, eine Schlange oder ein Rhinozeros ist dies die erste Annahme, die wir über Bord werfen müssen. Wenn du jetzt sagst, kein Problem, ich liebe meinen Hund und halte ihn schon immer

Schritt 9: Verwandlung

für intelligenter als mich, macht dich das zwar sympathisch, aber ich wage zu bezweifeln, dass du die Konsequenz des „Ein Insekt ist so begnadet wie ich" bis zu Ende prozessiert hast. Falls ja, kannst du dieses Kapitel überspringen und wir sehen uns auf der Wiese beim Tanz der Zitronenfalter. Wahrscheinlicher ist, dass du dich, wie ich, irgendwo auf der langen, abenteuerlichen Reise vom gesellschaftlich geformten Ich zum reinen wilden Ich befindest.

Tiere, Steine, Pflanzen sind nicht identitätslos. Die eigene Identität aufzugeben, zu zerstören, wegzuwerfen, ist vom Standpunkt der Natur aus ebenso sinnlos wie unsere menschliche Selbstbeweihräucherung. Jedes Wesen hat eine Identität, die man spüren kann, die man beschreiben kann, mit der man sich austauschen kann, ein reines Sein. Dieses reine Sein ist Verwandlung oder wie der spirituelle Lehrer Eckart Tolle sagt: "Das Leben ist der Tänzer und wir sind der Tanz." Die Kraft, die alles bewegt ist, nicht, wie wir gern glauben, unser Ich, sondern das Leben selbst. Wir sind ein Tanz, der vom Leben hervorgebracht wird.

In meinen Workshops unterrichte ich das Tanzen mit Pferden und erlebe dort stets, wie Freude und Lust entstehen, sobald der Mensch die feste Form verlässt und sich dem Fluss der Verwandlung hingibt. Das ist die Kraft, mit der sich Pferde, mit der sich alle Natur gern verbindet. Philosophen wie Friedrich Nietzsche haben sich durch den Spiegelwald der Blendungen hindurchgearbeitet und uns daran erinnert, dass wir Urkraft sind, die sich Form sucht und die Form wieder auflöst. Dass wir kein festes Ich sind, sondern ein sich wandelndes. Von hier aus ist alles möglich.

Nicht Macht sondern Kraft

Eng damit zusammen hängt unser Verständnis von Macht. Wir streben nach Macht, um uns sicher zu fühlen, um nicht von anderen unterdrückt zu werden, um dem grauenvollen Gefühl der Ohnmacht zu entgehen. Wenn wir uns in der Natur umsehen, in

Schritt 9: Verwandlung

einer Tierherde, fällt vor allem auf, dass es hier keine in Stein gemeißelten Machtpositionen gibt. Führungspositionen in Herden werden stets neu verhandelt. Wovon wir hoffen, dass wir es mit dem Ausbildungsabschluss hinter uns haben, läuft hier den ganzen Tag: Prüfung und Test. Wer hat welche Fähigkeiten? Wer hat wie viel physische Kraft? Wer hat wie viel emotionale Kraft? Wer hat wie viel Gegenwartsbewusstsein? Wer hat wie viel Liebeskraft? Wer hat wie viel Friedfertigkeit? Wenn man das YouTube-Video sieht, in dem Kevin Richardson mit ausgewachsenen Löwen über den Boden rollt, versteht man, dass es unter Tieren nicht nur um physische Kraft geht. Ansonsten würde ihn ein Löwe nicht als Spielgefährten akzeptieren.

Im Zusammensein mit Pferden wird etwas Ähnliches klar: Auch das Pferd ist ein Tier, das dem Menschen an Größe und Kraft weit überlegen ist. Dennoch muss man nur in einen Reitstall gehen, um mit eigenen Augen zu sehen, dass ein zwölfjähriges Mädchen bei einem Pferd mehr Punkte macht als ein menschliches Stahlmuskelpaket. Das Erstaunliche an Tieren und der Grund, warum sie für uns wohl immer faszinierend bleiben werden, ist, dass Tiere nicht auf Machtverhalten ansprechen, sondern auf Kraft – auf emotionale Kraft, auf Beziehungsfähigkeit und auf Bewusstsein, was ein zwölfjähriges Mädchen unter Umständen einem Vorstandvorsitzenden eines internationalen Großunternehmens voraushat.

Manipulatives, ausbeuterisches, unterdrückerisches Verhalten können wir nicht länger rechtfertigen mit dem Argument, dass in der Natur ja auch das Recht des Stärkeren herrscht. In der Natur herrscht das Recht des Stärkeren, aber unter Stärke stellt sich die Natur etwas anderes vor als wir. Ein Spiel mit Löwen oder ein Tanz mit einem Pferd ist eine Frage der Liebe, nicht eine Frage der Überlegenheit. Ja, das ist wohl die größte Lehre, die uns die Natur erteilt: Die Liebe ist die stärkste Macht. Und das ist weder eine Glaubensfrage, wegen der wir uns die Köpfe einschlagen müssen, noch eine wissenschaftliche Kontroverse, sondern reine Erfahrung. Erfahrbar für jeden, der sein Herz öffnet.

Jede Verwandlung ist eine Verwandlung hin zur Liebe

Das kann gar nicht anders sein, denn Naturkraft ist Liebeskraft – mehr als alles andere. Deshalb gilt für die Kunst der Verwandlung dasselbe wie für die Liebe: Wir bekommen sie geschenkt. Die Liebe ist selbstlos und zugleich sind wir in ihr mehr wir selbst als sonst irgendwo. Dasselbe gilt für die Verwandlung. Wir geben uns vollkommen hin an eine andere Form und sind doch wir selbst in unserer reinsten Form. Wir geben unser altes Ich ganz hin und werden in der Verwandlung als neues Ich geboren. Wir erleben es als etwas ganz Reales: eine innere Nahrung, ein heller werden, ein feiner Riechen, ein weiter Sehen, ein tiefer Fühlen. Wir fühlen, dass etwas antwortet, nicht nur in uns, sondern außerhalb von uns. Unsere Verwandlung lässt uns verbundener werden, lässt uns lieben.

Elisabeth, erfolgreiche Geschäftsfrau: Ich habe kein Vertrauen in andere Menschen

Elisabeth hatte in den letzten 15 Jahren ein erfolgreiches Unternehmen mit inzwischen 90 Angestellten aufgebaut. Sie liebte ihre Arbeit und war stolz auf ihren Erfolg, aber sie litt darunter, dass sie keine erfüllenden Beziehungen hatte. Entweder waren es Beziehungen zu Menschen, die von ihr abhängig waren oder die Beziehungen waren formell, konkurrierend, rein geschäftlich. Sie wollte in der Begegnung mit einem Pferd erfahren, was sie daran ändern konnte. Wir arbeiteten mit einer 17-jährigen Stute, die ich als eine Seele von Pferd kennengelernt hatte, stets vertrauensvoll und den Menschen zugewandt.

„Ich werde es nicht schaffen", erklärte Elisabeth, bevor sie sich in den Round Pen mit dem Pferd begab. Elisabeth wirkte verzweifelt. Die Hände in den Hosentaschen, den Blick auf den Boden gerichtet, als würde sie sich dort festhalten wollen.

Schritt 9: Verwandlung

„Elisabeth?"
Sie zuckte zusammen, als hätte ich sie aus schweren Gedanken gerissen.
„Ich habe es ja bereits gesagt, es wird nichts." Sie fixierte mich mit einem starren Blick.
Ich forderte sie auf, ihre Wahrnehmung darauf zu richten, was in ihrem Körper vor sich ging.
„Ich fühle mich starr und steif", sagte sie.
Ich fragte sie, ob ihr Körper ihr vielleicht ein Bild vermitteln könne, das dieses starr und steif zum Ausdruck brachte.
Sie schloss die Augen und erwiderte nach einer Weile: „Ich sehe ein Wildschwein, das auf mich zu galoppiert".
Die anderen Teilnehmer des Workshops reagierten mit einem verhaltenen Lachen, nicht weil sie sich lustig machen wollten, sondern weil sie Elisabeths speziellen Humor inzwischen kennengelernt hatten. Elisabeth selbst verzog keine Miene. Die Stute war inzwischen neugierig näher getreten, als erwarte sie etwas Spannendes. Elisabeth beäugte das Pferd. „Sie scheint zu hoffen, dass ich in meiner Jackentasche einen Apfel oder eine Karotte habe."
Ich war nicht der Meinung, dass die Stute wegen eines Apfels oder einer Karotte erschienen war. Elisabeth atmete tief aus, es klang, als würde einem Ballon alle Luft abgelassen. Dann holte sie tief Luft: „In 15 Jahren Geschäftsleben hatte ich es mit Tausenden von Menschen zu tun – und es war nicht einer unter ihnen, von dem ich hätte sagen können, ich vertraue ihm oder ihr aus ganzem Herzen. Irgendwann dachte ich, das ist doch komisch. Wahrscheinlich liegt es an mir. Ich stehe jeden Morgen auf, gehe zur Arbeit, wickle alles ab, bringe zig neue Projekte auf den Weg, aber immer habe ich das Gefühl, ich könnte jeden Augenblick zusammenbrechen, mein Kopf wäre vollkommen leer und ich könnte keinen Finger mehr rühren. Diese Angst verlässt mich nie. Deswegen macht mir auch nichts richtig Spaß und ich habe keine echten Freunde. Ich liebe die Natur und die Tiere, aber auch sie erscheinen mir distanziert, sie verfolgen nur ihre

eigenen Interessen, die in der Hauptsache auf Futter ausgerichtet sind. Sie wollen nur herumstehen und fressen. Und von den Menschen habe ich diesen Eindruck ebenfalls. Sie wollen nur auf dem Sofa liegen und Fernsehen und jeden Monat 3.000 Euro überwiesen bekommen. Sobald sie etwas arbeiten sollen, kriegen sie schlechte Laune und machen mich dafür verantwortlich."

Elisabeth zog die Schultern hoch und ließ sie wieder fallen. Die Stute zog ihren Kopf zurück und wanderte ans andere Ende des eingezäunten Areals, um an einem Büschel Gras zu nibbeln.

„Da sieht man es", sagte Elisabeth und wirkte noch ein wenig ratloser.

Ich erinnerte sie an das galoppierende Wildschwein und stellte ihr eine paradoxe Frage: „Weißt du, wo es herkommt?"

„Das Wildschwein?" Sie sah sich um, als könne sie es irgendwo in ihrer Umgebung entdecken. Dann ließ sie den Kopf sinken, als hätte sie erkannt, dass sie es in ihrem Inneren suchen musste.

„Ich glaube, ich kann jetzt doch zu dem Pferd hineingehen", sagte sie, als hätte sie von dem Wildschwein Aufmunterung erfahren. Sie lief auf die Stute zu. Das Pferd hob den Kopf und beäugte sie neugierig. Mitten auf dem Weg zu dem Pferd blieb Elisabeth stehen und es sah aus, als würde sie von jedem Mut verlassen.

Das Pferd wirkte verdutzt. Es spähte immer noch in Elisabeths Richtung, aber mit einem Blick, als wäre dort jemand gestanden, der plötzlich verschwunden war und den sie nicht wiederfinden konnte. Die Stute wandte den Blick in die Umgebung, als könne sie dort eine Antwort finden. Immer wieder kehrte ihr Blick zu Elisabeth zurück, ihr Ausdruck blieb verwirrt.

Etwas in mir und sicherlich in jedem, der das Geschehen verfolgte, wünschte sich, dass die Stute auf Elisabeth zugehen und sie trösten würde, aber das tun Pferde nicht. Die Natur ist nicht der große Tröster, den wir uns in unseren romantischen Vorstellungen ausmalen. Wenn wir uns selbst verlassen haben, verlässt uns auch die Natur. Wenn wir entschlossen sind, uns selbst fremd zu sein, bleibt uns auch die Natur fremd. Auf diese Weise

Schritt 9: Verwandlung

wankt die Menschheit ihrem Untergang entgegen.

Ich, die Trainerin, hätte an dieser Stelle große Weisheiten in den Raum werfen können, aber es hätte nichts genützt. Elisabeth hatte all diese Weisheiten schon gehört oder gelesen. Sie befand sich an einem wirklich einsamen Ort und sie war sich voll und ganz bewusst darüber. Sie drehte sich zu mir um und sagte: „Genau hier stecke ich fest." Sie seufzte. „Es ist, als wäre ich der einzige Mensch auf dem Planeten." Interessant war, dass die Stute kein Verlangen mehr spürte, sich dem Gras zuzuwenden, sondern immer noch irritiert nach Elisabeth suchte.

„Wenn es mir nur einmal gelänge, den Bruchteil einer Sekunde wirklich hier zu sein", sagte Elisabeth.

Alle schauten gebannt auf das Pferd. Denn wenn Elisabeth zu sich kommen würde, würden wir es in der Reaktion des Pferdes ablesen können. Nichts veränderte sich. Die Zeit verstrich und die Situation bekam immer mehr Gewicht. Die Leere, die von Elisabeth ausstrahlte, breitete sich aus wie ein Teppich, der sich über alles legte. Auch mich ergriff diese Leere. Es war, als würde alles, was ich war, aus mir herausgesogen, ein eigenartiges Gefühl. Die Stute ließ den Kopf sinken und mahlte mit den Kiefern. Ich hatte das Gefühl, mich durch einen leeren Raum zu bewegen, auch wenn ich ganz still stand. Die Stimmung erfasste den ganzen Platz.

Ein Hund kam herbeigelaufen, sah uns verwundert an und legte sich neben dem Zaun nieder. Elisabeth sah jetzt nicht mehr ratlos aus, sondern erfüllt von einem eigenartigen, nicht greifbaren Bewusstsein. Die Stute schob den Kopf nach vorn, zwei Handbreit vielleicht, als wolle sie mit ihrem Maul diese eigenartige Energie aufsaugen, die von Elisabeth ausging.

Ich merkte, wie die Unruhe, die die Situation zuvor in mir ausgelöst hatte, von mir abfiel und ich stattdessen gebannt zuschaute. Elisabeths rechte Hand machte eine eigenartige Bewegung, die ihr selbst nicht ganz bewusst zu schein schien. Als bewege sich ihr Körper wie von selbst. Dann ließ sie die Hand wieder sinken.

Schritt 9: Verwandlung

Ich konnte nicht sehen, was sich in Elisabeths Miene abspielte, sie stand mit dem Rücken zu uns. Das war auch nicht wichtig, denn die Stute war ihr Spiegel. Auch das Pferd schien nun gebannt von der Frau, die vor ihm stand. Die Zeit schien sich endlos auszudehnen und auch der Raum bekam ein zweites Gesicht. Es war nicht nur der Round Pen mit dem Pferd, mit dem Hund und den Zuschauern, umgeben von Weiden und dem Hofgebäude, es war, als befänden wir uns in einer anderen Wirklichkeit und als wären die Gebäude und auch die Landschaft Erscheinungen aus einer Substanz, die man am besten als Licht beschreiben kann. Eine große Entspannung machte sich in meinem Körper breit und eine unerwartete Wärme.

Elisabeth drehte sich um, als wolle sie die Situation verlassen, aber sie blieb stehen. Im selben Moment kam das Pferd auf sie zu. Es berührte mit dem Maul ganz vorsichtig Elisabeths Schulter. Elisabeth rührte sich nicht. Ihr Gesicht wirkte entspannt, ihre Augen waren geschlossen. Das Pferd blies seinen Atem in ihre Haare. Ich konnte sehen, wie sie weinte. Bewegungslos. Die Tränen rannen über ihre Wangen. Das ganze Bild hatte etwas Andächtiges. Es war, als hätte die Natur innegehalten, um an der Stimmung teilzunehmen. Die Stute berührte Elisabeth sanft am ganzen Kopf. Sehr vorsichtig. Es war eine anrührende Geste, die auch mich zum Weinen brachte. Ich weiß nicht, wie viel Zeit verstrich.

Die lineare Zeit schien aufgehoben. Ich glaube, jeder, der zuschaute, hatte den Wunsch, dass diese sanfte, heilsame Berührung nie aufhören würde. Die Stute bestimmte das Ende. Von einem Augenblick auf den anderen nahm sie den Kopf zur Seite und wandte sich wieder dem Gras zu. Elisabeth lächelte und verließ den Round Pen. Sie sah uns an und nickte. Über ihr Erlebnis wollte sie nicht sprechen. Sie sagte, sie wolle eine Weile spazieren gehen und für sich sein. Am letzten Tag des Workshops beim Abschied sagte sie: „Ich habe etwas gefunden, von dem ich nicht geglaubt habe, dass es existiert. Es ist in mir und es ist überall. Meine Dankbarkeit gegenüber diesem Pferd ist ohne Worte."

Naturkraft ist Transformationskraft

Die Energie der Transformation ist, wie alle Naturkräfte, sehr fein, meist unterhalb unserer Wahrnehmungsschwelle. Das ist die Herausforderung, der wir begegnen, wenn wir einmal entschlossen sind, uns unseren Fragen zu stellen.

Deshalb ist es ratsam, sich entweder einen Lehrer zu suchen oder sich selbst zum Lehrer zu machen, indem man zum Beispiel Tagebuch schreibt. Das Schreiben bringt Distanz, man geht nicht so leicht im eigenen Spiegelgefecht unter. Man kann sich auch Freunde und Weggefährten suchen, muss aber aufpassen, dass man sich nicht seinen eigenen Schatten ins Boot holt, denn alle Fehler, die man sonst in Beziehungen macht, begegnen einem auch hier.

Sich in die Natur zu begeben, sich mit Baum- Stein-, Wind, Tier- und Pflanzenenergie zu umgeben ist hilfreich. Die Natur strahlt so viel Verwandlungskraft aus, dass die inneren Prozesse von selbst in Gang kommen. Es braucht jedoch auch ein Bewusstsein darüber. Man kann sein Leben in der Tiroler Bergwelt verbringen und keine Unze Bewusstsein erlangen. Die Kraft der Natur offenbart sich für uns Zivilisationsgeschädigte in den meisten Fällen erst, wenn wir eine Anleitung dafür bekommen. In Elisabeths Erlebnis kam beides zusammen: die Begegnung mit dem Pferd und ein Workshop, in dem sie in den Prozess hineingehoben wurde. Sie konnte die Realitäten ihres Lebens von einem anderen Standpunkt aus sehen. Mit einem anderen Bewusstsein. Dadurch stellte sich alles anders dar und sie fand Lösungen, nicht auf der Verstandesebene, sondern aus den Tiefen ihres Seins.

Elisabeth schrieb mir später, dass sich viel in Gang gesetzt hat, nach dem Workshop. „Es war, als fiele Schicht um Schicht von mir ab. Es war wie eine Häutung. Ich musste nichts tun, es geschah von selbst, manchmal beängstigend, aber gut."

Das Abblättern der Schichten

Häutung und Transformation gehören zusammen. Ich kann keine Erneuerung erfahren, wenn ich zuvor nicht etwas Altes zurücklasse. Das erzählt uns die Natur. Das erzählen uns auch die alten Opfermythen, wie zum Beispiel der Mythos von Jesus Christus, der sein Leben ließ, um unsterblich zu werden. Wir müssen etwas opfern, etwas loslassen, um neue Kraft zu gewinnen. Diese Vorstellung ist unserer Kultur, die auf Profit, stetes Wachstum und Gewinn ausgerichtet ist, ausgesprochen fremd. Für uns muss alles immer besser werden. Dass es das nicht tut, wird uns zwar täglich vor Augen geführt, aber wir vergessen es trotzdem gern: Tod, Krankheit, Verlust, Trennung sind die Gespenster und Dämonen, die uns heutzutage heimsuchen, weil wir sie so gekonnt verdrängen. Mit unserem Schneller, Höher, Weiter füttern wir sie und machen sie zu Killern.

Wenn dann weise Männer und Frauen von den Rändern unserer Welt hierherkommen, stellen sie vereint fest: So viel Wohlstand und so viele unglückliche Menschen. Oder umgekehrt, wie es mir erging als ich ein Dorf im westafrikanischen Burkina Faso besuchte: Diese Menschen hatten, verglichen mit mir fast nichts, aber sie waren viel glücklicher. Diese Erfahrung hat vor zwanzig Jahren mein Leben verändert.

Was ich zurücklasse im Prozess der Verwandlung muss nichts Materielles sein. Das Materielle schmerzt uns meist nicht so sehr, weil wir genug davon haben. Viel schwieriger ist es, die Stützen unserer inneren Festung loszulassen. Überzeugungen wie: Ich bin anderen geistig überlegen oder: niemand mag mich, weil ich erfolgreich bin. Ich möchte dich einladen, dir ein paar dieser Schatten anzusehen, die dich davon abhalten, in den Fluss deines Lebens einzusteigen. Bitte lies die folgenden Sätze und unterstreiche sie, wenn beim Lesen etwas in dir anklingt. Wenn dir etwas Eigenes dazu einfällt, notiere es ebenfalls.

- Ich bin besser als meine Kollegen.
- Ich weiß, wie man mit Menschen umgeht.
- Ich habe alles unter Kontrolle.
- Ich werde es allen zeigen.
- Am Ende werden sie merken, dass ich recht hatte.
- Die haben keine Ahnung, was hier eigentlich läuft.
- Niemand mag mich, weil ich erfolgreich bin.
- Ich gehöre nicht dazu, weil ich schon immer anders war.
- Ich falle nicht auf Bauernfängerei herein, dazu bin ich zu klug.
- Ich zweifle an allem, das macht mich souverän.
- _____
- _____
- _____
- _____

Schritt 9: Verwandlung

Die Strategie eines überstarken Selbstbewusstseins, die in diesen Sätzen zum Ausdruck kommt, lebt von Übertreibung im Gegensatz zur Untertreibung, die wir auch gern strategisch einsetzen – nicht nur gegenüber anderen, sondern auch gegenüber uns selbst. Die Volksweisheit warnt uns mit „Hochmut kommt vor dem Fall". Vor der Untertreibung werden wir nicht so üppig gewarnt. Angepasste Menschen ohne Selbstwert sind leichter zu manipulieren. Lies dir bitte auch diese Liste durch und streiche an, was dich berührt. Wenn dir noch etwas Eigenes einfällt, notiere es ebenfalls.

- o Ich habe kein Talent.
- o Ich konnte das noch nie und werde es nie können.
- o Niemand mag mich, weil ich ein Loser bin.
- o Ich strahle etwas aus, das andere abstößt.
- o Ich bin zu gutmütig, deshalb werde ich ausgenutzt.
- o Ich suche mir immer die falschen Freunde und merke es nicht.
- o Ich könnte mich schon verändern, aber ich habe nicht die Kraft dazu.
- o Ich habe schon so oft etwas gewagt, aber es endet immer mit der gleichen Enttäuschung.
- o Wenn ich mich meiner Angst stelle, werde ich darin untergehen.

Schritt 9: Verwandlung

- _____
- _____
- _____

Innere Bannsprüche

Wenn du dich je gefragt hat, was Vodoopriester und schwarze Magier so tun, musst du nur in dein inneres Gruselkabinett schauen. Sie belegen andere Menschen mit Bannsprüchen und Flüchen. Über diese armen Opfer bricht dann Unglück herein, aus dem sie sich nicht befreien können. In deinem Inneren sitzen mehrere solcher Vodoopriester und haben im Laufe deines Lebens eine Unzahl solcher Verhexungen zelebriert, die die Ursache von unerklärlichem Unglück in deinem Leben sind. Unsere heutigen schwarzen Magier sind wir selbst. Aus unserer inneren schwarzen Magie kommen wir nur heraus, wenn wir uns in der Kunst der Verwandlung üben. Nichts anderes tun Therapeuten, Heiler, Meditierende, Künstler, nichts anderes übt das Leben täglich mit uns.

Verwandlungskraft ist eine Kunst, die leider untergegangen ist, die wir aber wieder beleben können. Die Griechen der Antike haben gigantische Amphi-Theater gebaut, um gemeinsame Transformationen, kollektive Reinigungen zu erfahren: Katharsis. Sie führten mit Vorliebe Tragödien auf, Schauspiele, in denen alles erdenkliche Unglück über die Charaktere hereinbrach. Der Wettstreit unter den Dichtern ging darum, wer das niederschmetterndste Drama erfinden konnte, denn je tragischer, desto heilsamer.

Transformation kann viele Formen haben, aber sie ist immer ein Selbstläufer

Manche inneren Wandlungen erstrecken sich über viele Jahre. Eines Tages wird man sich bewusst, dass ein Problem gelöst wurde, ohne dass man es gemerkt hat. „Wow! Ich muss nicht länger tun, was andere sagen." "Wow. Ich verdiene genügend Geld mit meinen selbstgestrickten Ringelsocken!" Manche Verwandlungen geschehen über Nacht. Am Morgen wacht man auf und wird sich bewusst: „Ich ärgere mich nicht mehr über diesen Scheißladen. Es ist immer noch ein Scheißladen, aber ich muss keine Reifen mehr aufstechen, um mich darin gut zu fühlen. Ich bin frei."

Deine Aufgabe

Ich lade dich ein zu einem kleinen Streifzug durch dein Leben und die vielen Geschichten, in denen du die Hauptfigur bist. Wo ereignet sich gerade eine Transformation? Wo verändert sich gerade etwas Grundlegendes? Wo bist du an einem neuen Ort angekommen, innerlich oder äußerlich, so dass du nicht mehr zum Ausgangspunkt zurückkehren kannst oder musst?

_____

_____

_____

Weil die Transformation so subtil ist und weil sie scheinbar ohne unser Zutun geschieht, nehmen wir sie oft nicht wahr. In unserer Vorstellung tun wir etwas und erreichen ein Ergebnis. Das Tun hat meist mit physischer Handlung zu tun. Dass wir uns emotional, geistig und energetisch verändern, bemerken wir nicht so leicht. Und dass die Wesen um uns herum sich ebenfalls emotional, geistig und energetisch verwandeln und uns damit anstecken, bemerken wir noch weniger. Viele Menschen machen die Erfahrung, dass ein Spaziergang im Wald sie erfrischt, dass sie in der Natur zu sich kommen, Lösungen finden. Dass sie in einem Konzert, beim Besuch einer Ausstellung, beim Lesen eines Buches inspiriert und erfrischt werden. Wir sind umgeben von kreativer Energie, die uns ansteckt. Die nichts kostet, kein Geld und keine Mühe.

Wir sind nicht nur umgeben von einem Energiereservoir kosmischen Ausmaßes, sondern auch in uns befindet sich eine unerschöpfliche Kraftquelle, deren Potenzial weitgehend ungenutzt ist. Diese Kraftquelle zapfen wir an, wenn wir uns im Verwandlungsprozess befinden.

Ich möchte dich zu einer weiteren Erfahrung einladen, in der du dir bewusst werden kannst über mühelose Kraft in dir. Beobachte dich selbst im Verlauf eines Tages. Wann strengst du dich an? Wann entspannst du? Wann fließt dir Kraft zu, ohne dass du etwas dazu tun musst? Nimm diese Kraft bewusst wahr, genieße sie und schöpfe sie aus. Halte inne, unternimm nichts Aktives, vertraue darauf, dass diese Kraft dich trägt und ganz mühelos, an genau den richtigen Ort führt. Durch diese Kraft spricht deine Seele. Sie kennt die Richtung, die Dosis und sie verlangt nichts außer deiner Anteilnahme.

Warum ist Schmerz ein Teil der Transformation?

Schmerz ist ein Teil des Lebens, den wir nur zu einem hohen Preis vermeiden können. Als ich um die 20 war, suchten eine Menge Leute einen Ausweg aus der schmerzhaften Realität mit

Schritt 9: Verwandlung

Hilfe einer Droge namens Heroin. Schmerzmittel machen uns zu Abhängigen. Was wir an Erleichterung gewinnen, verlieren wir an innerer Kraft. Wenn wir uns betäuben, ist unsere Handlungsfähigkeit eingeschränkt. Wenn wir unsere Möglichkeiten erweitern wollen, hilft es nicht, der Wirklichkeit auszuweichen, wir müssen tiefer in sie eintauchen. Die Frage ist jedoch, in welche Wirklichkeit?

Meine Freunde, die mittels Drogen der Wirklichkeit entfliehen wollten, hatten recht. Die Wirklichkeit, die sie dazu gebracht hatte, Drogen zu nehmen, war keine hilfreiche Wirklichkeit. Es war eine unbefriedigende Scheinwelt. Was sie suchten, sie wussten es selbst nicht genau: auf alle Fälle etwas Echtes. Und das fanden Sie auch, nicht nur im Rausch, auch im Entzug, in der Sucht.

Ich singe hier nicht das Lied der Drogen, aber die Erfahrung, dass unsere Wirklichkeit nur eine von vielen ist, das lassen uns Drogen unmittelbar erleben. Wenn wir uns feiner mit der Natur vernetzen brauchen wir dafür keine Drogen. Die Natur lässt uns dieselben atemberaubenden Erfahrungen von multidimensionalen Bewusstseinsebenen machen, ohne dass wir dafür den Preis der Abhängigkeit, einen multidimensionalen Energieraub, bezahlen. Transformation ist nichts anderes als Bewusstseinserweiterung.

Auch ohne Drogenabhängigkeit und Entzug ist der spirituelle Weg mit schmerzvollen Erfahrungen gepflastert. Darüber täuschen uns die spirituellen Schulen dieser Welt gern hinweg. Das Christentum ist in diesem Punkt plakativ ehrlich. Sein zentrales Symbol, das Kreuz, bringt die Essenz des inneren Verwandlungsprozesses auf den Punkt, auch wenn die mystische Sprengkraft, die sich dahinter verbirgt, von der Kirche eher ausgeklammert wird. Aber die Kirche ist wie alle großen Institutionen abhängig von Machtpolitik und Mainstream.

Das Beste, was wir in einem Transformationsprozess tun können, ist einen Weg durch den Schmerz hindurch zu finden, der ihn nicht unnötig verlängert.

Ein klarer Transformationsprozess bringt keinen unnötigen

Schritt 9: Verwandlung

Schmerz mit sich. Transformation ist der effizienteste Weg durch den Schmerz hindurch mit der Absicht ihn zu verwandeln.

Schmerz entsteht durch eine energetische Blockade oder durch einen energetischen Schutzschild, der in einer bestimmten Situation notwendig und hilfreich war, aber nicht länger benötigt wird und nun als Restmüll die Ausgänge verstopft. Schmerz entsteht durch energetische Verflechtung und unklare energetische Grenzen. Schmerz entsteht als Abwehrmechanismus des Körpers, wenn die mentale, emotionale oder spirituelle Verfassung der Person nicht stark genug oder nicht bewusst genug ist. Schmerz und die Auflösung von Schmerz ist der wesentliche energetische Vorgang unseres inneren Wachstums. Dabei kann es sich um emotionalen, physischen, mentalen oder spirituellen Schmerz handeln.

Unser Leben beginnt mit dem Schmerz der Geburt. Während wir erwachsen werden, erleben wir viele Veränderungen, die den Schmerz des Verlustes, der Trennung, unerfüllter Erwartungen oder enttäuschter Liebe mit sich bringen.

Uns über den Schmerz, der sich in unserem Körper angesammelt hat, bewusst zu werden, ist eine Möglichkeit, Spannung loszulassen und Blockaden aufzulösen. Dann können wir einen Zugang zu neuen Energiequellen finden.

Transformation ist ein bewusster Prozess der Auflösung von Schmerz. Weil Transformation im Wesentlichen ein energetischer Prozess ist, entspricht die Größe des Schmerzes der Menge an Energie, die freigesetzt wird und dir am Ende des Prozesses zur Verfügung steht.

Am Ende eines starken Transformationsprozesses fühlst du dich vielleicht sehr müde. Das hängt zusammen mit der Anstrengung, die es für den Körper bedeutet, den energetischen Prozess zu verarbeiten. Es kann auch sein, dass du dich zeitweise orientierungslos fühlst, dass sich deine Raumwahrnehmung und deine Sinneswahrnehmungen verändern, dein Selbstbild oder andere Bereiche der Wahrnehmung. Du befindest dich in einer Phase des Übergangs, in dem sich deine innere Ausrichtung neu

Schritt 9: Verwandlung

einstellt. Das kann beängstigend sein, ist aber letztlich heilsam. Wenn du weiterhin bewusst bleibst, wirst du bald die positiven Auswirkungen der Veränderung spüren. Du wirst energetische Muskeln entwickeln und innere Kraft. Du wirst ein Meister, eine Meisterin der Transformation werden und erkennen, dass dies unsere Natur ist.

Du hast das Ende des entscheidenden Schrittes erreicht. Dieser Schritt stellt die größte Herausforderung an unsere Gewohnheiten dar. Herzlichen Glückwunsch! Du hast nicht aufgegeben.

Gehe bitte noch einmal deine Aufzeichnungen zum Schritt Transformation durch und notiere in der Übersicht am Ende des Buches, was dich am meisten bewegt hat.

Schritt Zehn: Der Schatz

Transformation kann anstrengend sein, vor allem, wenn sie tief ist. Es ist eine gesunde Anstrengung. Wenn du am Ende eines größeren inneren Prozesses Müdigkeit empfindest, gib ihr nach.

Akzeptiere auch, dass die Dämonen einen letzten Aufstand proben, dass du vielleicht Kopfschmerzen hast oder einer heilsamen Grippe erliegst. Kein Grund zu glauben, es würde alles nirgendwohin führen. Hier sind wir schon am entscheidenden Punkt angekommen: Wohin führt uns das alles? Was haben wir davon? Da wir in einer Profitkultur leben und gern Buchhaltung führen über unsere Investitionen an Zeit und Herzblut, wollen wir wissen, was unter dem Strich herauskommt. Aber wie will man Herzenskraft messen, wie will man Urkraft, Freude, Standhaftigkeit, Vertrauen und Lebendigkeit in Zahlen erfassen? Wem will man die Rechnung vorlegen, wenn am Ende nicht herauskommt, was man geglaubt und erhofft hat, was einem versprochen wurde? Der Autorin des Buches, dem Verlag, dem Buchhändler, der Freundin, die das Buch empfohlen hat, dem Leben, dem Universum, Gott, der Natur und den Heiligen?

Ich werde in diesem Kapitel nicht den Mund voll nehmen über all die großartigen neuen Mittel, die du jetzt hast, um deine Mitmenschen blass aussehen zu lassen. Ich werde dir verraten, welche würdigeren Dämonen du jetzt kennenlernen darfst und welche Essenz du jetzt vielleicht riechen, sehen oder atmen kannst.

Wir werden stark und gefürchtet

Ein Effekt, wenn die innere Wildnis in uns zum Leben erwacht, besteht darin, dass andere es bemerken. Sie erschrecken vielleicht, umso mehr als sie nicht unbedingt gleich äußere Anzeichen erkennen können. Da ist etwas in unserem Auftritt, in unserer Stimme, in unserem Blick – und besonders bedrohlich: Wir scheinen das gar nicht absichtlich bewirken zu wollen. Es wirkt einfach, wir scheinen uns nicht einmal bewusst zu sein darüber. Die innere Verwandlung ist fein und unsichtbar. Sie zeigt sich an Wirkungen, die wir auf andere haben. Tiere werden unsere Nähe suchen. Menschen, die zuvor keine Notiz von uns genommen haben, setzen sich zu uns und verwickeln uns in ein Gespräch. Unser Kollege, der uns immer zum Kaffee kochen geschickt hat, serviert uns einen mit Kakao bestäubten Cappuccino an den Tisch.

Deine Aufgabe

Erweist man dir plötzlich Respekt? Wirst du plötzlich wahrgenommen, angelächelt, gehört, bewundert? Manchen von uns ist es peinlich, bewundert zu werden. Aber jetzt, im Moment, hört und sieht dich keiner und du hast ausgiebig Gelegenheit, all die vielen Begebenheiten aufzuschreiben, bei denen jemand dich aufrichtig bewundert, gewürdigt, geachtet, respektiert hat. Nimm ein extra Blatt oder mehrere, falls du auf den Geschmack kommst. Es ist eine hervorragende Übung mit deiner wilden Kraft in Kontakt zu kommen.

_____

_____

_____

_____

Ein Tier schämt sich nicht für seinen Stolz und seine Kraft. Es erlebt sie. Wir Menschen lassen uns einreden, sie zu verbergen. Was manchmal nützlich sein kann. Aber nicht, wenn wir selbst daran glauben, dass wir peinlich, dumm und blöd sind.

Neue Feinde

Mit unserer neuen Stärke erleben wir nicht nur Jubelchöre und heimliche Bewunderung unserer Mitmenschen, sondern wir bekommen auch ungewohnten Gegenwind. Wir gewinnen nicht nur neue Freunde, sondern auch neue Feinde. Mir fällt auf, dass dieser Teil in den Ratgebern gern ausgelassen wird. Wir spielen jetzt in einer anderen Liga und dort gilt das gleiche Kräftemessen wie überall. Wenn wir auf den unerschütterlichen Thron gehofft haben, erwartet uns eine Enttäuschung. In der Wildnis überleben wir nicht, weil wir einen Dauervertrag oder Professorentitel haben, sondern weil wir so stark und fähig sind, wie wir jetzt, im Augenblick, sind. Schon allein das ist ein Grund, den Augenblick zu kultivieren. Nur die Präsenz im Augenblick sichert unser Überleben.

Verräter

Zur Geschichte von Menschen, die über sich hinaus wachsen, gehört auch, dass sich Verräter in ihrer näheren Umgebung tummeln. In der Natur nennt man sie Parasiten. Sie ernähren sich von der Kraft anderer. Wenn man das nicht will, muss man wachsam sein und sie loswerden, bevor sie einen geschwächt haben. Eine ebenso interessante und befreiende Frage ist diejenige, wo ich mich denn von der Kraft anderer nähre. Wir sehen gern die Parasiten um uns und nicht so gern die Parasiten in uns. Die nächste Aufgabe musst du nicht schriftlich erledigen. Du willst den Verrätern in deinem Leben schließlich kein Beweismaterial in die Hände spielen. Wo hast du von anderen profitiert, Vorteil gezogen aus anderen? Wo tust du es noch? Oder wo bilden du und dein Wirt vielleicht eine extra produktive Einheit? Falls du doch etwas notieren willst, ist hier Platz.

_____

_____

_____

_____

Abschiede

Es bleibt auch nicht aus, dass wir uns aus Beziehungen verabschieden müssen, die ins Ungleichgewicht geraten sind, weil einer der beiden Partner zu stark geworden ist. Dies ist wohl die größte Angst, die uns auf dem Weg zu uns selbst begegnet – und für viele ein Grund, so zu bleiben, wie sie sind und den inneren Ruf zum Abenteuer ungehört verhallen zu lassen – bis er wiederkehrt. Da mein eigener Weg ziemlich dynamisch war und ist, habe ich einige solche Abschiede erlebt.

Abschiede müssen nicht immer das Ende einer Beziehung bedeuten. Meist sind es Abschiede aus Rollen, die wir in einer Beziehung angenommen haben, Rollen, die erstarrt sind und kein Leben mehr hervorbringen. Wenn wir uns verändern, erschrecken wir andere nicht nur, wir laden sie auch ein, in ihre eigene Kraft einzutreten. Das kann Zeit brauchen und es kann auch passieren, dass sich die Wege trennen. Selbst wenn sich Wege trennen, Beziehungen sind keine Objekte, die einfach verschwinden. Beziehungen prägen uns und ihre Auswirkungen bleiben. Wenn wir unsere Partner durch unsere Veränderung in ihre eigene Veränderung einladen, kann es auch passieren, dass unser Partner stärker wird als wir und andere Beziehungen in sein Leben treten. Oder dass der innere Ruf unseres Freundes, unserer Freundin, unseres Geliebten ihn auf einen Weg führt, der uns nicht gefällt und der uns auseinanderdriften lässt.

Heute, wo Beziehungen viel weniger von ökonomischer Abhängigkeit geprägt sind als früher, haben wir mehr Freiheit, unserer Bestimmung zu folgen. Das führt ganz neue Beziehungsmodelle auf den Plan. Ein Thema, das ein eigenes Buch wert ist und über das sicher auch in Zukunft viel geschrieben und viel experimentiert wird. Mit der Lockerung der ökonomischen Motive treten auch all die Aspekte der Liebe zum Vorschein, die in ökonomisch motivierten, auf Stabilität und Sicherheit ausgelegten Gemeinschaft keinen Platz haben.

Die dunkle Seite der Liebe

Es ist schade, dass die unglücklichen Liebesgeschichten in unserer Buch- und Filmwelt aus der Mode gekommen sind. Ich weiß, wovon ich rede, denn ich war mehrere Jahre auf dem Markt der Liebesgeschichten als Autorin unterwegs. Das Happy End hat gesiegt. Eine Geschichte ohne Happy End ist so gut wie unverkäuflich und wird deshalb auch so gut wie nicht mehr geschrieben.
   Die Liebe verflacht, wenn sie immer gut ausgeht, sich immer gut anfühlen muss. Auch im Alltag hat die Happy End Kultur gesiegt, zumindest an der Oberfläche. Auch das ist ein herber Verlust. Sehnsucht, Einsamkeit, Liebesschmerz sind faszinierende Kräfte, die viel bewegen. Großartige Kunstwerke wurden geschaffen, weil ihr Schöpfer unglücklich verliebt war. Historisch überdauert haben Liebesgeschichten, die unglücklich ausgingen wie William Shakespeares „Romeo und Julia", Johann Wolfgang Goethes „Die Leiden des jungen Werther" oder der griechische Mythos von Orpheus und Eurydike. Liebesbeziehungen leben von allen Kräften, den hellen und den dunklen. Wenn die dunklen Kräfte in einer Liebesbeziehung fehlen, wird sie langweilig. Wenn sie verdrängt werden, wird es anstrengend.
   Damit möchte ich Werbung machen für alles, was in der Liebe nicht den Idealen und Träumen entspricht, denn gerade das ist das Geschenk der Liebe: Sie ist die revolutionärste, bahnbrechendste Kraft, die wir haben. Liebe ist energetisch gesehen Anarchie. Sie sucht immer den Weg über die festen Ränder hinaus. Unsere inneren Verwandlungen bringen neue Facetten in unsere Beziehungen und machen sie wieder lebendig. Dazu gehören die Schattenseiten. Unsere Beziehungen durchlaufen dieselben Phasen der Verwandlung wie unser persönlicher Weg. Wenn die Liebe in der Wildnis angekommen ist, kann sie wieder blühen.

Deine Aufgabe

Bitte denke an ein Gefühl in deiner Beziehung, das der Liebe im Weg zu stehen scheint. Ärger, Angst, Traurigkeit, das Gefühl nicht geschätzt, nicht respektiert zu werden, nicht gesehen zu werden, nicht genug zu sein, zu viel zu fordern, zu wenig zu bekommen. Kannst du auch diese Gefühle als Liebesgefühle wahrnehmen, auch wenn sie nicht so angenehm sind? Notiere eine Erfahrung:

_____

_____

_____

_____

Ein Ausbruch an Kraft

Transformationen auf dem Weg in die innere Wildnis können eruptiv sein. Wenn wir uns auf Naturkraft einlassen, wenn wir innere Blockaden aus dem Weg räumen, tritt eine klare, authentische, unbeirrbare Kraft zu Tage. Wenn wir uns mit den Kraftquellen um uns herum verbinden, mit der Erde, mit den Krafttieren, mit welcher göttlichen Kraft auch immer, sind wir zu Dingen fähig, die uns zuvor unerreichbar erschienen. Wir finden Zugang zu einer Energie, die aus bislang unbekannten Quellen zu uns fließt, eine Energie, über die wir manchmal keine Kontrolle mehr haben. Eine Energie, die größer ist als wir. Menschen, die einem inneren Ruf folgen wie Nelson Mandela, Mutter Teresa, Johanna von Orleans und viele andere finden Kraft in Quellen, die nicht allein von ihrem Alltag gespeist sind. Sie finden Kraft trotz eines widrigen, schwierigen Alltags. Nelson Mandela trotz des Gefängnislebens, Mutter Teresa trotz der Armut und Johanna von Orleans wurde zur Heerführerin trotz der Tatsache, dass sie eine junge Frau war. Dabei spielt oft ein plötzlicher Durchbruch eine Rolle, eine starke Eingebung, ein Augenblick, der das ganze Leben verändert. Wir alle kennen solche Momente, in denen wir plötzlich alles stehen lassen, unsere Sachen packen und aufbrechen, in denen wir etwas aussprechen, was schon lange gesagt werden wollte, in denen wir etwas tun, was alles verändert. In solchen Augenblicken sind wir nicht ganz Herr oder Frau unserer Selbst, wir spüren nur die Gewissheit, dass wir etwas Bestimmtes tun müssen. Hinterher, wenn wir in unser Alltagsbewusstsein zurückkehren, kommt uns unser Verhalten oft fremd vor. Wir fangen an zu zweifeln, wir wundern uns, wir kämpfen mit den Konsequenzen.

Deine Aufgabe

Ist dir so etwas schon einmal passiert? Hast du schon einmal etwas sehr „Unvernünftiges" getan, von dem du das sichere Gefühl hattest, dass es richtig ist? Bitte notiere ein solches Beispiel und erinnere dich an das Gefühl, das du dabei hattest.

_____
_____
_____
_____
_____

Schritt 10: Der Schatz

Die Essenz ist unzerstörbar

Der größte Schatz der Reise in die innere Wildnis ist etwas, das wir jenseits der Transformationen, der Aufbrüche, Ausbrüche, Opfer und Verzweiflungen finden. Wir machen die Erfahrung, dass egal, was passiert, etwas in uns unberührt und unbeschädigt bleibt. Dass wir nicht ganz zerstört werden können, nicht ganz zerbrochen, dass andere zwar Macht über uns haben können und unser Leben bestimmen, aber niemals unser Wesen. Dass wir uns in der Liebe zu einem anderen verlieren können, dass unser Herz gebrochen werden kann, aber dass es weiterschlägt, sich erholt, neu wächst wie ein junger Trieb im Frühling. Sich darüber bewusst zu werden lässt viele Ängste relativ erscheinen. Sich darüber bewusst zu werden, verleiht uns echte Kraft, wilde Kraft, stille Kraft, echte Kraft. Wenn uns nach einem großen Zusammenbruch, einem großen Glückserlebnis der Boden unter den Füßen wegrutscht, ein neuer Morgen anbricht und wir uns selbst spüren, immer noch, in aller Unschuld, in unserer reinen Essenz, dann gewinnen wir einen Mut, der uns wahrhaft weiterträgt. Dann werden wir zu Bewohnern der inneren und äußeren Wildnis, und letztlich zu Bewohnern des Paradieses. Dann verstehen wir Freiheit.

In diesem Bereich kommen wir an den Rand der Worte, an den Rand dessen, was Worte ausdrücken können. Um dich in diese wilde Freiheit einzuladen, möchte ich dich mit einem Archetypen bekannt machen: dem Gestaltwandler. Diesen Archetypen findet man in vielen Kulturen, besonders dort, wo Menschen eng mit der Natur und den Tieren zusammenleben. Der Schamane ist ein solcher Gestaltwandler. Er hat sich selbst vollkommen in die ewige Verwandlungskraft der Natur hinein verwandelt. Er heilt, indem er sich mit der Wandlungskraft der Natur verbindet, indem er Gift in Medizin verwandelt, Krankheit in Gesundheit, Trennung in Ganzheit. Die Voraussetzung ist, dass alles als Kraft betrachtet wird, ohne Wertung. Dass nichts als feststehend betrachtet wird, sondern alles als sich wandelnd.

Schritt 10: Der Schatz

Der magische Gestaltwandler

"Fuchs du hast die Gans gestohlen", heißt ein Kinderlied, an dem keiner vorbeikommt. Der Fuchs genießt einen zwiespältigen Ruf. Er ist der Gänsedieb, der sich in der Dämmerung heranschleicht und der vom "Jäger mit dem Schießgewehr geholt" wird. Zweifellos haben viele Halter von Federvieh unter dem schlauen Fuchs gelitten. Der Fuchs ist in unserer Kultur eine Projektionsfläche für listige und überlegene Intelligenz, für jemanden, der andere übervorteilt und aufs Kreuz legt. Schlauer Fuchs, listiger Fuchs, hinterhältiger Fuchs, unnahbar, verborgen, undurchschaubar.

Als ich mich auf den Weg der Naturweisheit begab, tauchte er sogleich auf. Ich versuchte mich einer sehr alten Stute zu nähern, aber sie war abweisend und verschlossen. "Was würdest du mich lehren, wenn du Lust dazu hättest und ich dich freundlich bitten würde?", fragte ich sie. Vor meinem inneren Auge tauchte in aller Klarheit das Bild eines Fuchses auf. Ich stehe auf dem Kriegsfuß mit dem Fuchs. Schon als Kind fühlte ich mich wegen meiner Intelligenz ausgeschlossen. Ja, ich litt darunter eine gute Schülerin zu sein und niemand hatte Mitleid mit mir. Bis heute nicht. Dieses Pferd hatte sofort meine Schwachstelle entlarvt. Ich habe Philosophie studiert und diverses Anderes, und schon in der Schule, wo mir die Einser in den Schoß fielen, hatte mich der Klassenschwarm, in den ich mich verliebt hatte, mit den Worten abgespeist: Du bist zu schlau für mich.

Der schlaue Fuchs, das war das Letzte, womit ich mich identifizieren wollte, als ich diese alte Stute als Lehrerin auserkor. Ich habe in meinem Leben Einiges unternommen, um nach außen hin minderbemittelt zu wirken. Einige konnte ich blenden, aber nicht dieses erfahrene Pferd. Ich sah sie bedripst an, seufzte und nahm mir vor, hinzunehmen, dass ich auf ewig das ungeliebte Superhirn bleiben würde. Pferdeweisheit ist unbestechlich. Der Fuchs tauchte daraufhin mit unaufhaltsamer Penetranz in meinem Leben auf. Meistens, wenn ich mich gut fühlte, so dass ich schließlich bereit war, ihn ernsthaft als einen Teil von mir hinzunehmen und mehr über ihn herauszufinden. War er das intrigante Intelligenzmonster oder hatte er auch Gutes zu bieten?

Religionsfreiheit

Fuchsenergie bedeutet Kräfte und Strategien zu kennen, die nicht offensichtlich sind. Es bedeutet, hinter die Dinge zu schauen. Mehr noch behaupte ich: Der Fuchsblick ist der Geheimcode zur Wirklichkeit. Und einer der großen Schätze der Reise in die Wildnis. Wirklichkeit stellt sich für jeden anders dar und Wildnis auch. Deshalb gibt es nicht nur den einen Geheimcode und nicht nur den einen Fuchsblick. Jeder sollte seinen haben und nutzen.

Der Fuchs weiß, dass feste Identität greifbar und angreifbar macht. Du musst unsichtbar sein, um in den Gänsestall zu gelangen. Es ist wirklich schade, dass in unserer hoch entwickelten Zivilisation das schamanische Naturwissen nicht gelehrt wird, auch nicht an den Orten, wo man es noch vermuten könnte, wie an der philosophischen Fakultät der Universität Berlin, wo Friedrich Nietzsche mehr oder weniger der einzige Philosoph war, der einem Schamanen nahe kam. So passiert es, dass intelligente Menschen wie ich einen Dünkel entwickeln wegen ihrer Intelligenz, ein Dünkel, der nur eine schwache Kompensation ist für soziale Enttäuschungen.

In der Tierwelt lernt man, dass ein Dünkel eine lästige Blockade darstellt, die einen vom Augenblick und von der Kraft abschneidet. Dass Intelligenz gut ist, und zwar eine Intelligenz, die so flüssig ist, dass sie durch alle Blockaden und durch mehrere Wirklichkeiten hindurchfließt. Die alte Stute hatte recht. Nachdem ich mir die Sache mit dem Fuchs genauer angeschaut hatte, konnte ich einen alten Schmerz verwandeln in eine Kraft, die ich jetzt gut leben kann.

Fuchskraft ist jene Art von Überlebensintelligenz, die man braucht, um Bücher zu schreiben, mit Aktien Geld zu verdienen oder als Popstar berühmt zu werden. Wir alle haben einen schlauen Fuchs in uns, der es versteht, unsichtbar die Gans zu stehlen und dabei dem Schießgewehr des Jägers eine Nase zu drehen.

Keine Tempel und Kirchen

Der Gestaltwandler oder die Gestaltwandlerin kennt seine oder ihre innere Quelle und den Weg zu ihr. Er baut keine Kirchen und Tempel, er tut sich nicht mit anderen zusammen, um die gleichen Götter oder Schuhmarken anzubeten – höchstens, weil es Spaß macht, gemeinsam sein Schnitzel oder seine Oblate zu verspeisen.

Nachdem wir Religionsfreiheit in unsere Verfassungen geschrieben haben, sollten wir uns die Freiheit nehmen, die der Fuchs für sich reklamiert: Ich speise meine Gans wann und wo und wie es mir am meisten Appetit macht. Einmal sagte eine Frau, die an einem meiner Workshops teilnehmen wollte, dass sie tief überzeugt sei, eine Nachfahrin der Bewohner von Atlantis zu sein. Sie fragte mich, ob sie trotzdem an meinem Workshop teilnehmen dürfe. Ich dachte, was für eine Frage? Haben wir tatsächlich so große Angst, zu glauben, was uns am Sinnvollsten erscheint? Als ich mich umsah, musste ich die Frage bejahen, zuallererst in mir selbst. Wenn ich schreibe, überschreite ich andauernd gesellschaftliche Tabus und jedes Mal empfinde ich eine leise Angst. Es ist ja auch noch nicht lange her, dass wir für die absurdesten Kleinigkeiten auf dem Scheiterhaufen verbrannt wurden.

Religiöse Überzeugungen sitzen tief und wir fangen erst langsam an, uns wahre Freiheit zu erlauben. Erst allmählich fragen wir uns, was uns gut tut und was wir blind glauben, ohne es im Herzen geprüft zu haben. Wir haben einen Haufen Mist verinnerlicht, der nur darauf angelegt ist, uns zu entwürdigen und uns zu blinden Handlangern von manipulativen, machtbesessenen

Hohepriestern auf allen Gebieten zu machen. Zum Glück sorgt der Boom der Fantasy-Literatur dafür, dass wir zwischen finsteren Magiern und anständigen Helden zu unterscheiden lernen. Schließlich war auch Jesus ein anständiger Held und wenn wir den Staub der 2000 Jahre von seinen Schultern klopfen, können wir wieder Teil seiner guten Energie werden. Jesus hatte jede Menge Fuchsenergie. Er hatte einen starken Zugang zu seiner unverwechselbaren inneren Quelle – und er fand unverwechselbare Wege, sie zu kommunizieren. Er war "schlau", er war "listig", er hebelte das System auf so unnachahmliche Weise aus, dass wir noch 2000 Jahre später davon beeindruckt sind.

Es macht keinen Sinn, dass wir dem Fuchs die Schattenseiten menschlicher Intelligenz unterstellen: einen kalten Verstand, kontrollwütige Intelligenz, ein kriminelles Killerbrain, intrigante Machtgier. Fuchsintelligenz ist die Intelligenz der Natur. Sie versteht es zu überleben und für sich und andere auf souveräne, intelligente Weise zu sorgen.

Schauspielen

Fuchsenergie ist die Energie des Schauspielers. Nicht die des Schmierenkomödianten, sondern die des einfühlsamen Schauspielers, der ganz mit seiner Rolle verschmilzt. Er versteht es, sich an eine andere Identität hinzugeben, in eine fremde Haut zu schlüpfen, ein anderes Wesen zu sein, eine Zeitlang- während ein Teil von ihm weiß, dass die angenommene Identität nur vorübergehend ist. Im richtigen Augenblick kann er die Rolle wieder ablegen und in eine neue schlüpfen. All dies geschieht fließend. Der Fuchs gleitet wie der Wind durch das Sein, durch die Identitäten, durch die Augenblicke.

Diese Fähigkeit ist eine der positiven Eigenschaften, die man auf dem Weg der Naturweisheit gewinnt. In der Natur gibt es keine in Stein gemeißelten Identitäten, keine Doktortitel, Oskars oder Zertifikate. Das Gute: Wenn man wirklich zu heilen versteht oder ein begnadeter Schauspieler ist, wird man ungehindert seine positiven Kräfte fließen lassen können, auch wenn eine absurde Institution oder Verordnung einem den Schein nicht aushändigen will.

Auch der Gestaltwandler hat eine Schattenseite: als Heiratsschwindler bricht er unschuldige Herzen, als Rattenfänger von Hameln verführt er unschuldige Kinder, als Verkäufer, Guru, Hitler versteht er es, die Massen zu blenden.

Wenn man es mit der mächtigen Energie des Gestaltwandlers zu tun hat, wird man es mit den Schattenseiten zu tun bekommen, entweder in der Gestalt von Manipulatoren und Blendern, die im eigenen Leben auftauchen oder indem man plötzlich selbst solche Wirkung auf andere Menschen hat und nicht merkt, wie man sich heimlich einen unverdienten Vorteil herausschlägt – oder sich in eine Selbstverherrlichung hineinsteigert, die anderen ungut aufstößt.

Wenn du es mit der Fuchsenergie zu tun bekommst, kann sie in vielerlei Schattierungen auftauchen. Sie ist mächtig und du tust gut daran, ihre Licht- und Schattenseiten in all ihren Facetten kennenzulernen. Zum Beispiel:

Die Kraft des Unsichtbaren

Wer die Fuchsenergie in sich gefunden hat, verfügt über die Magie des Unsichtbaren. Seine Kraft, seine Weisheit wirken ohne Worte. Er braucht keine Mikrofone, keine aufgesetzten Marketingprogramme und keinen schicken Cowboyhut, um andere zu erreichen und zu beeindrucken. Die Magie beginnt, wenn wir anfangen, unser inneres Licht wahrzunehmen. Manchmal entsteht ein missionarischer Impuls, wir wollen die ganze Welt mit unseren neuen Erkenntnissen beglücken und natürlich wollen wir auch, dass die anderen bei unserem neuen Spiel mitmachen, denn gemeinsam macht es ja mehr Spaß. Die anderen haben jedoch ihre eigenen Absichten, sie wollen nicht missioniert werden und haben ihr eigenes Lieblingsspiel. Nicht verzweifeln. In die Naturweisheit und insbesondere in die machtvolle Fuchsenergie initiiert zu sein, bedeutet nicht, dass wir für den Rest unseres Lebens als zerzauster Einsiedler im Wald leben müssen. Jeder von uns hat Fuchsenergie, auch unser griesgrämiger Kirchenchordirigent. Wenn wir den inneren Fuchs zum Leben erwecken, werden um uns herum ebenfalls glückliche Füchse auftauchen, in Mensch- oder Tiergestalt, oft jene, von denen wir es am wenigsten erwartet hätten. Allein dadurch, dass wir plötzlich ein Auge dafür haben. Hey, mein Vermieter, legt mich schon seit Jahren rein, merken wir plötzlich, hey, mein Chef ist gar keine so harte Nuss, er lächelt, wenn ich mehr Gehalt verlange, er sagt, ich habe es verdient. Wir lernen, den Menschen hinter der Maske zu sehen, inklusive uns selbst. Das ist die Intelligenz des Fuchses und das ist unsere eigene unsichtbare Energie, die andere an uns wahrzunehmen beginnen. Wir müssen sie niemandem erklären, wir müssen nicht missionieren, sie wirkt von selbst und sie ist ansteckend.

Der Fuchs ist anpassungsfähig im besten Sinn. Deshalb ist er ein Krafttier unserer Zeit, in der sich alles ungewohnt schnell verändert und wir mehr als alles die Fähigkeit brauchen, mit dem Strom des Wandels zu fließen.

Kojoten-Power

Mit der Hyänen-Energie ging es so richtig los, nachdem ich als brave, scheinbar angepasste Schülerin aus dem fest gefügten Schulalltag ins freie Leben entlassen wurde. Ich habe so ziemlich alle Erwartungen enttäuscht, die mein super Abi aufkommen ließ. Ich schlug mich in der Künstlerszene von Berlin Kreuzberg durch und versuchte den elitären Dünkel einer Kunsthochschule emotional zu überleben, was mehr oder weniger misslang. Jahrelang schrieb ich (in meinen Augen) geniale Theaterstücke, Lyrik, Romane, Drehbücher, die unverkäuflich waren. Ich steckte in

Schritt 10: Der Schatz

einer unlösbaren Zerreißprobe: Einerseits barst ich vor kreativem Potenzial, andererseits passten meine hochsensible Veranlagung und die daraus hervorgehenden Ideen nicht in das herrschende Marktgeschehen.

Mir wurde klar, dass ich mich entweder anpassen musste oder für immer erfolglose Außenseiterin bleiben. Ich schrieb Liebesromane, was eine Weile gutging, aber schließlich wurde ich enttarnt. Ich trat einer Müttergruppe der evangelischen Kirchengemeinde bei, aber beim Osterhasenbasteln erlitt mein innerer Künstler einen Nervenzusammenbruch, ich pilgerte jeden Sonntag in die Kirche, aber musste feststellen, dass ich nicht einmal so viel Geld verdiente, wie mein atheistischer Ehemann, dem ich den Sonntagmorgen raubte, für mich an Kirchensteuern bezahlen musste.

Unter dem Vorzeichen innerer Widersprüche ist man prädestiniert in jede verfügbare Falle zu tappen. Das ist die Kojoten-Energie, die ich so nenne, weil ich es bei den American Natives aufgeschnappt habe und weil es lautmalerisch besser klingt als "Hyänen-Energie". Kojote ist ein knackiges Wort und es trifft den Kern. Der Kojote oder auch die Hyäne gelten in vielen Kulturen (die afrikanische ist hier besonders erfindungsreich) als gesichtslose, betrügerische, tollpatschige, peinliche, verirrte, idiotische, absurde, ewige Verlierer. Kojoten und Hyänen sind unfähig, sich von etwas anderem als Aas zu ernähren, sie finden nie ihren Traummann oder ihre Traumfrau, sondern fallen stets auf neue Betrüger, Blender und herzlose Narzissten herein. Nicht weil sie selbst welche wären, sondern, weil sie wie die Narzissten und Betrüger innerlich vollkommen heimatlos sind. Sie passen einfach nicht in die Gesellschaft hinein. Mit dieser Tatsache müssen sich vor allem Künstler, Homosexuelle, Hochsensible, "psychisch Kranke", Hochbegabte, Schwerreiche, Schwerarme, Traumabetroffene und Weltverbesserer auseinandersetzen – und wenn man es genau nimmt eigentlich jeder von uns, der durch Veranlagung oder Schicksal nicht über genügend Kraft verfügt, um den offiziellen Maskentanz mitzutanzen.

Schritt 10: Der Schatz

Es tut weh und macht Angst, ein Außenseiter zu sein, aber es hat auch gute Seiten. Die Zielsicherheit, mit der die Hyäne in jede Falle tappt, trägt zu ihrer Lebenserfahrung bei. Und schließlich verwandelt sich Kojoten-Energie in souveräne Fuchsenergie. Der Kojote ist das hässliche Entlein, das jeder eine Zeitlang sein muss, auf dem Weg zum wunderschönen Schwan.

Als Kojote oder Hyäne habe ich Strategien und Wege kennengelernt, in der Welt der Schönen, Erfolgreichen und Angepassten zu überleben und mich wohlzufühlen, ohne meine Seele zu verkaufen. Mein Außenseiter-Bewusstsein hat, nachdem ich den Widerstand dagegen aufgegeben habe, viele gute Seiten: Ich bin mir selbst treu und dadurch ein Vorbild für meine Kinder, Studenten und Klienten. Ich habe einen besonderen Draht zu Tieren. Ich habe gelernt, zwischen bedürftiger und bedingungsloser Liebe zu unterscheiden. Die Fuchsenergie ist mein Schutzschild. Ich bin manchmal die Besucherin fremder Planeten, ich muss mich im Gewirr der Gassen zurechtfinden, ich brauche Zugang zu den Schubladen, wo die Schokolade versteckt ist, ich muss fremde Sprachen verstehen, Mentalitäten durchschauen und hin und wieder finde ich eine Seele, die ich wiedererkenne – und sie mich.

Wir sind scheu, – unsere Befindlichkeit ändert sich mit jedem Atemzug. Das ist eine Tatsache. Wir kennen viele Überlebensstrategien. Wir sind ausgezeichnete Strategen, aber das ist es nicht, was uns glücklich macht. Glücklich macht uns, die Maske unterscheiden zu können vom echten Sein.

Darin ist der Fuchs Meister. Sein Blick ist unbestechlich. Er stiehlt die Gans aus dem Stall, nicht weil er moralisch verwerflich ist, sondern weil er Hunger hat und es weit und breit nichts anderes zu essen gibt – und weil er weiß, wie es geht.

Der Vorteil des hungrigen Außenseiters ist, dass er die Gewohnheiten der Gänsebesitzer und die Beschaffenheit der Zäune kennt. Er versteht es, sich selbst und die ihm Anvertrauten mit diesem Wissen zu schützen und zu versorgen.

Das Allerbeste am Kojoten jedoch ist sein Humor. Humor erwirbt man, indem man den schmerzhaften Tatsachen ins Gesicht blickt. Das ist die wahre Kojoten-Power und deshalb macht es auch Spaß, immer wieder in neue Fallen zu tappen. Kojote rules! Ich hoffe, das ist jetzt endgültig klar ausgedrückt.

Deine Aufgabe

Der Fuchs-Energie-Check: Wie steht es um deine Fuchs-Energie. Sei ehrlich! Du kannst nur verlieren. Hoffentlich!

Bitte kreuze an, was bei dir ein inneres Kribbeln auslöst:

- o Ich verfüge über eine überdurchschnittliche Intelligenz in mindestens einem Gebiet.
- o Ich muss lachen, wenn es andere verdient auf die Schnauze haut.
- o Wenn ich in den Spiegel schaue, frage ich mich öfters: "Wer ist das denn?"
- o Mit Tieren habe ich keine Probleme, sie sitzen meist früher oder später auf meinem Schoß.
- o Tiere haben einen göttlichen Humor.
- o Der Mensch hat langfristig keine Chance zu überleben, zumindest nicht als Individuum.
- o Ich trete öfters in Fettnäpfchen, aber mit Charme und Intelligenz kann ich den Schaden in Grenzen halten.
- o Das Leben bietet mir immer wieder Gelegenheiten, wo ich herzlich über mich selbst lachen kann.
- o Ich habe großes Verständnis für alle, die von einer Falle in die andere tappen.

Schritt 10: Der Schatz

- Das Leben ist ein unaufhaltsamer Fortschritt von Dunkelheit zu Dunkelheit.
- Ich hasse es, Fehler zu machen, aber oft kommt am Ende auch noch etwas Gutes dabei heraus.
- Ich kann nachvollziehen, warum sich manche Menschen für ungeheuer wichtig halten, aber das Leben hat mich gelehrt, dass ich nicht so wichtig bin.
- Alles ist erlaubt, so lange ich darüber lachen kann.

Vielen Dank! Dass du mitgemacht hast. Ich bin froh, dass du mir nicht allzu übel genommen hast, dass ich dir im Schritt „Der Schatz" nicht die goldene Formel für Ruhm und Reichtum verraten habe. Falls du es mir doch übel genommen hast, schreib mir eine E-Mail und ich werde einen Ratgeber über das Reichwerden verfassen. Darauf freue ich mich schon.

Wecke den Überlebenskämpfer in dir auf

Ein paar Absätze zurück habe ich meine „Armes Waisenkind, das Leben war so gemein zu mir"- Geschichte erzählt. Jetzt ist die Reihe an dir. Diese Perspektive auf die eigene Biografie hat eine ganz eigene Kraft. Vielleicht waren wir Opfer der Umstände, vielleicht waren wir Opfer unserer selbst, aber etwas in uns hat überlebt. Wir wurden herausgefordert und konnten unsere Krallen zeigen, unser Herz. Wir haben etwas gelernt über das Leben am Bodensatz.

Deine Aufgabe

Was hast du gelernt, als du einmal mit dem Rücken zur Wand standest? Welche Kraft hat sich in dir gezeigt? Welche Geschichte erzählst du über dein Leben, in der du der Loser bist?

_____

_____

Der Schatz

Du hast es dir verdient, dich jetzt vorbehaltlos den Schätzen zuzuwenden. Wenn du dieses Buch durchgearbeitet hast, die Aufgaben mit Präsenz bearbeitet hast, ohne dem inneren Perfektionisten zum Opfer zu fallen, hat sich etwas verändert. Vielleicht ist es nicht so offensichtlich wie ein Universitätsabschluss, aber wenn du den gewollt hättest, hättest du dich an einer Uni eingeschrieben anstatt dich zu fragen, woran du gescheitert bist. Naturkraft wächst langsam, dafür beharrlich und nachhaltig. Man kann sie beim Wachsen beobachten, indem man seine Scheinwerfer auf Gefühle wie Glück, Zufriedenheit und Freude ausrichtet. Diese Gefühle sind subtiler als Angst oder Ärger, die sofortigen Handlungsbedarf hervorrufen. Aber die Wachstums- und Genussgefühle wollen auch gefühlt werden. Denn hier sammeln wir die Kraft, um unsere inneren und äußeren Feinde mit einem Lächeln zu Staub werden zu lassen.

Schritt 10: Der Schatz

Deine Aufgabe

Bitte schreibe auf, welche Schätze du ganz persönlich von dieser Reise mitnimmst. Schreibe auf, was du gelernt hast und wo du dich fabelhaft gezeigt und geschlagen hast. Was du entdeckt hast, mit dem nicht gerechnet hast, was dich überrascht hat, welche Fähigkeiten dir über dich bewusst wurden. Schreib alles auf, was **gut** ist.

Etwas in uns glaubt, dass wir für die Vermehrung unserer Schätze hart arbeiten müssten. Etwas in uns glaubt, dass wir ohne Schätze nichts wert wären. Aber selbst wenn es uns noch so schlecht geht, können wir Berge von Schätzen zusammentragen. Wir brauchen nur ein Blatt Papier und einen Stift, um uns bewusst zu machen, wie reich wir wirklich sind. Schreibe es auf.

Wenn du dabei blass wirst, hast du die Aufgabe gut gemacht:

_____

_____

_____

_____

_____

_____

_____

_____

Schritt 10: Der Schatz

Schritt 10: Der Schatz

Da ist noch mehr möglich:

_____

_____

_____

Nicht an der wichtigsten Stelle schlapp machen:

_____

_____

_____

_____

_____

_____

_____

_____

Schritt 10: Der Schatz

_____

_____

_____

_____

_____

_____

_____

Du hast dich getraut, die Schätze auf dem Weg einzusammeln. Du hast deine innere Bescheidenheit in Schach gehalten, du hast deinem Größenwahn erlaubt, ein wenig aus der Kiste zu blinzeln. Du hast dir erlaubt, dich reich zu fühlen, reich wie der Scheich, denn auch der Scheich kann nicht mehr als sich glücklich und wohl zu fühlen, ob durch Geld, Macht oder einfache Zufriedenheit. Für dein inneres Erleben macht es keinen Unterschied. Mehr als inneres Glück gibt es nicht. Unser inneres Glück können wir auch – ganz problemlos – ohne äußeren Erfolg genießen.

Gehe bitte noch einmal deine Aufzeichnungen zum Schritt "Der Schatz" durch und notiere in der Übersicht am Ende des Buches, welchen größten Schatz du gefunden hast.

Schritt Elf: Der weite Blick

Abschied

Du bist am Ende der Reise angekommen. Du hast die Herausforderungen angenommen, den Dämonen ins Gesicht gesehen, du hast dein Herz geöffnet und dich im Feuer schmieden lassen. Du hast dich verändert, du hast Gaben und Kräfte gewonnen. Du wirfst einen letzten Blick zurück. Du bist nicht mehr Teil der Reise, aber du hast dich auch noch nicht verabschiedet. Abschiede sind traurig, aber sie enthalten ein reiches Geschenk: Du kannst die Reise als ganzes Bild sehen. Zum einen bist du traurig, dass

Schritt 11: Der weite Blick

sie zu Ende ist, zum anderen hast du jetzt genügend Abstand, um zu erkennen, was die Reise war. Diesen weiten Blick hast du nicht, solange du noch drinsteckst. Mit dem Abstand erkennst du die Verwebungen. Du erkennst, wie das, was dir zunächst willkürlich erschien, einen Platz in einem größeren Gefüge hat. Du erkennst eine Ordnung der Ereignisse, du erkennst eine Notwendigkeit der Ereignisse, du verstehst, warum das eine aus dem anderen hervorgeht und wie eine Erfahrung, die dich im Augenblick ganz eingenommen hat, nicht einzeln dasteht, sondern Teil eines größeren Prozesses ist. Du erkennst, wie sich alles verändert, verändern muss.

In der Hingabe an den Augenblick entsteht ganz von selbst ein höherer Plan, der uns das Gefühl gibt, wohlwollend geführt zu werden.

Wenn wir uns ganz in den Augenblick begeben, wozu du während der Reise öfters aufgefordert wurdest, geben wir die Kontrolle auf, die Gedanken an die Konsequenzen, die Sorgen und Bedenken, die uns zurückhalten. Wir verlieren auch die Übersicht über die Konsequenzen, den Plan, den wir einmal entworfen haben. Wir folgen nur noch der Echtheit und Notwendigkeit des Augenblicks und machen dabei eine tiefgreifende Erfahrung: Dass sich ein Plan von selbst entfaltet.

Die Wege, die entstehen, wenn wir dem Augenblick folgen, sind andere als die Geplanten. Sie sind nicht vorhersehbar, nicht ausgetreten, sie sind authentisch, sie sind Erfüllungen unseres inneren Rufes. Es sind Pläne, die aus der Planlosigkeit entstehen. Wir geben die Kontrolle ab und vertrauen auf eine Führung, die jenseits unserer Kräfte ihren Ursprung hat. Das ist das Gefühl, das viele Menschen beschreiben, die sich auf diesen Weg begeben: wohlwollend geführt zu werden. Dazu braucht man keine religiösen Überzeugungen. Religionen und spirituelle Konzepte geben dieser Erfahrung einen Ausdruck, sie geben Hinweise und Hilfen, aber sie sind der Finger, der zum Mond zeigt, nicht der

Mond selbst. Was uns wirklich berührt an der inneren Reise ist nicht der Glaube, ist nicht die Philosophie, sondern die Erfahrung.

Worte und Strukturen erweitern unser Bewusstsein

Das in Worte fassen ist dennoch ein wichtiger Schritt, das Erkennen mittels unseres Verstandes. Dadurch, dass wir erkennen, wird unsere Erfahrung ein Teil von uns und Teil von unserer Wirklichkeit. Dadurch holen wir sie in unsere Welt, in unsere Wahrnehmung. Die geheimnisvolle, wortlose Naturkraft, der stets fließende, nicht greifbare Prozess wird in einer Augenblicksaufnahme festgehalten. Auch wenn wir uns bewusst sind, dass der festgehaltene Augenblick etwas Künstliches ist, wird doch etwas sichtbar, das uns Kraft gibt und das als Kraft in den Prozess zurückfließt. Wenn wir unseren Verstand beteiligen, unsere Fähigkeit, Strukturen zu erkennen, fügen wir der Erfahrung eine weitere Dimension hinzu.

Menschen brauchen Geschichten

Unser menschliches Bewusstsein ist darauf ausgelegt, die Wirklichkeit in Form einer Geschichte zu erfahren. Bei diesem Satz, den auch die Kognitionswissenschaft bestätigt, schlägt mein Gehschichtenerzählerherz höher. Seit dreißig Jahren erzähle ich Geschichten, vor etwa zehn Jahren hatte ich das Aha-Erlebnis, dass auch das Leben den Gesetzen einer Geschichte folgt. In der Folge davon verwandelte ich mich von einer Heldin der Worte zu einer Heldin des echten wahren Lebens. Dass wir so neugierig und fasziniert von Geschichten sind, hat damit zu tun, dass Geschichten uns, im Vergleich zu philosophischen oder rationalen Erkenntnissen, Erfahrungen ermöglichen. Eine Geschichte besteht aus einer Hauptfigur, mit der wir uns identifizieren, aus Figuren, mit denen die Hauptfigur Beziehungen erlebt, aus Herausforderungen, aus überraschenden Wendungen, aus einem Anfang, einer Mitte und einem Ende. Die Kunst des Geschichtenerzählers besteht darin, die geheimnisvolle, nicht greifbare Lebendigkeit des Seins so nachzubilden, dass der Zuhörer oder Leser eine echte Erfahrung machen kann. Keine leichte Aufgabe, wie jeder merkt, der es versucht. Auf dem Weg dahin erkennen wir jedoch, wie menschliche Erfahrung funktioniert und genau diese Erkenntnis gewinnen wir auch in diesem Schritt der Reise, wo wir auf die Struktur schauen, auf die Zusammenhänge.

Joseph Campbell müsste ein reicher Mann sein

Der amerikanische Mythologe Joseph Campbell (1904-1987) hat sich gefragt, was die Geschichten aus aller Welt gemeinsam haben. Er hat eine Struktur entdeckt, die er die „Heldenreise" nannte. Als Hollywood Joseph Campbells Heldenreise entdeckte, erkannten die Drehbuchautoren und Produzenten gleich das ungeheure Potenzial, das in diesem Konzept steckte: Damit konnten sie Menschen auf aller Welt erreichen. Wo das Geschichtenerzählen zuvor noch ein Zufallsprodukt genialer Autoren war, konnte man es jetzt umfassend anwenden und lehren mit so gut wie garantiertem Erfolg.

Auch mir hat das Kennenlernen der Heldenreise den Durchbruch als Autorin gebracht. Hätte Joseph Campbell ein Patent angemeldet und von Filmproduzenten Lizenzgebühren eingefordert, würde der Anteil, den die Kenntnis der Heldenreise am kommerziellen Erfolg der Hollywoodfilme hat, ihn zu einem sehr reichen Mann gemacht haben. Deshalb möchte ich an dieser Stelle meine Dankbarkeit gegenüber Joseph Campbell aussprechen, der selbst ein Held und Pionier der Kraft war, die uns alle antreibt. Ich möchte auch den wundervollen Dokumentarfilm „Finde dich" von Patrick Solomon empfehlen, indem man die

Heldenreise auf höchst unterhaltsame Weise selbst erfahren kann.

Der innere Geschichtenerzähler

Wir erfassen und erzählen unser Leben in Geschichten. Wir erzählen unseren Freunden, Partnern und uns selbst, was passiert ist. Damit geben wir unserer Erfahrung ein Gesicht. Wir geben uns selbst eine Identität, wir teilen den anderen Beteiligten Rollen zu, wir bestimmen das Thema, den Konflikt und die Gefühle, die zu dem Erlebnis gehören. In den Aufgaben, die du in diesem Buch bearbeitet hast, warst du ein Geschichtenerzähler, eine Geschichtenerzählerin. Die Aufgaben haben dich durch die einzelnen Elemente einer Geschichte geführt. Jetzt am Ende kannst du dir anschauen, welche Geschichte du erlebt hast. Um dir bewusst zu werden über deine Geschichte, brauchst du die Distanz des Geschichtenerzählers. Der Geschichtenerzähler ist ein uralter Archetyp, den man in allen Kulturen findet. Das Besondere an ihm ist, dass er sich zugleich in die Erfahrung hineinbegibt und ihr zuschaut. Man kann ihn vergleichen mit dem inneren Beobachter, den es in vielen spirituellen Konzepten gibt. Der Geschichtenerzähler beobachtet, jedoch nicht nur den Augenblick, sondern auch den Prozess. Er weiß, an welchem Punkt der Geschichte oder des Weges er sich befindet, ob am Anfang, in der Mitte oder am Ende. Er weiß, ob ihn oder sie ein innerer Ruf ereilt oder ob er sich am Punkt des Scheiterns befindet. Er weiß, dass das Scheitern nichts Endgültiges ist, sondern ein notwendiger Teil der Geschichte, ohne den es keine echte Erfahrung gibt.

Geschichten sind Prozesse – Prozesse sind Geschichten

Im Zentrum der Geschichte steht der emotionale Prozess, steht die Transformation. Eine Geschichte ist ein Zusammenspiel von äußeren Ereignissen und inneren Erfahrungen. Das Wesentliche an einer Geschichte ist, dass sie einen Anfang und ein Ende hat wie ein Gefühlsprozess. Die Geschichte beginnt mit einem Ereignis, das aus dem gegenwärtigen Leben hinausführt und sie endet mit dem Gefühl des Ankommens, der inneren Ruhe. Die Herausforderungen sind gemeistert, die Fragen beantwortet, ich bin im neuen Sein, im neuen Leben, im neuen Ich angekommen. Eine Geschichte kann viele Jahre umfassen oder auch nur wenige Augenblicke lang sein. Entscheidend ist, dass sich etwas verändert, dass wir ein altes unbefriedigendes Leben, einen alten Zustand verlassen, um ein neues befriedigenderes Leben oder Zustand zu finden. Wir erleben parallel viele Geschichten. Geschichten können actionreich sein und viel äußere Veränderung beinhalten, sie können still und kaum bemerkbar sein, ganz im Innern stattfinden und dennoch nachhaltig wirken. Eine Geschichte kann auch zu dem Ergebnis führen, dass mein Leben gut ist, so wie es ist, aber nun, da ich es geprüft habe, kann ich anders dahinterstehen. Geschichten können eine Auseinandersetzung mit einer Person sein, mit einer Gruppe oder auch mit mir selbst.

Die Reise der Königin

Tanja war eine erfolgreiche Grafik-Designerin. Sie besuchte meinen Workshop „Reise zum kreativen Selbst", um einen tiefen Zugang zu ihrer Kreativität zu finden. Dies waren die Schritte ihrer Reise:
Schritt EINS : Wer bin ich? Eine Königin. Ich bin selbstbewusst und einflussreich, ich kann etwas bewirken, ich habe Mittel und

Schritt 11: Der weite Blick

Position. Meine Schwäche ist, dass ich den Kontakt zu anderen verliere in meiner Spitzenposition, keine Menschen zum Austausch finde auf meinem Level.

Schritt ZWEI: Mein Ruf: Ich habe Angst vor dem nächsten Schritt aus der Geborgenheit meines bisherigen Lebens hinaus. Im Kontakt mit der Naturkraft erfahre ich, dass Verwandlung stets passiert und ich sie ohnehin nicht aufhalten kann, weil sie aus mir kommt. Ich kann darauf vertrauen, dass das Richtige passiert.

Schritt DREI: Es gibt eine starke Ohnmacht, die mich plötzlich überfällt. Mein Körper zieht sich dann zusammen und ich erstarre. Ich bin wie gelähmt, das kann mehrere Tage dauern und es blockiert mich. Ich finde nicht heraus.

Schritt VIER: Das Ziel. Meine Blockade hat mit der Angst zu tun, mich zu blamieren, von anderen verurteilt zu werden. In der Natur erlebe ich, dass es nichts Lächerliches gibt, das alles perfekt und wunderschön ist, so wie es ist. Das Urteil gehört in die Menschenwelt. Mein Ziel ist, in meiner Kreativität alles zu akzeptieren, ohne Urteil.

Schritt FÜNF: Verbindung. Mir wird bewusst, dass es einen Menschen in meinem Leben gibt, der sich wie ein schweres Gewicht an mich angehängt hat. Ich kann ihm nicht helfen und das macht mich sehr traurig. Wenn ich weitergehen will, muss ich ihn zurücklassen, aber das fällt mir sehr schwer. Es macht mich aber auch wütend, dass ich so gebremst werde.

In der Natur spüre ich eine große Freiheit, die Verstrickungen menschlicher Beziehungen gibt es hier nicht und trotzdem ist alles verbunden und tanzt gemeinsam. Ich fühle mich sehr frei und fühle, dass dies auch für meinen Partner der beste Weg ist. Ich muss ihn loslassen.

Schritt SECHS: Das Herz der Kreatur. Ich bewege mich durch die Schönheit der Natur, vollkommen mühelos. Ich habe keinen Plan, keine Absicht, kein Ziel und gerade in der Absichtslosigkeit sprudeln die Ideen. Ich staune. Woher kommen sie? Hier ist eine Quelle.

Schritt SIEBEN: Zerreißprobe. Ich will meine Zukunft vorhersehen können, ich will Garantien und Sicherheiten. Ich male mir düstere Szenen aus von Scheitern und vergeblicher Mühe, wahrscheinlich bin ich größenwahnsinnig. Bin ich wirklich eine Königin? Oder nur eine normale Angestellte in einer Werbeagentur? Das ist die eine Seite von mir. Die andere Seite sagt, dass ich etwas Verrücktes wagen könnte, an einem großen internationalen Wettbewerb teilnehmen und meine Freizeit dafür investieren.

Schritt ACHT: Scheitern. Ich werde in die alten Kreativblockaden fallen, meinen Job vernachlässigen und erkennen, dass meine Kreativität nur durchschnittlich ist und es zu mehr nicht reicht. Am Ende wird mich mein Partner verlassen, weil ich zu wenig Zeit für ihn habe. Das Scheitern halte ich nicht aus. Ich finde ein totes Tier im Wald und der Anblick verfolgt mich.

Schritt NEUN: Transformation. Ich will so nicht mehr weitermachen mit diesen ewigen Blockaden und Ängsten. Ich will radikal etwas ändern. Ich verspreche einem Baum, dass ich mich nicht mehr umwerfen lassen werde und dass ich auch nicht davonlaufen werde. Danach finde ich ein leeres Schneckenhaus, die Schnecke ist tot, aber sie hinterlässt etwas sehr Schönes. Die Form des Schneckenhauses fasziniert mich. Eigentlich braucht die Schnecke ja nur eine Behausung, aber sie hat etwas sehr Schönes daraus gemacht, wie ich, die auch alltägliche Dinge schön macht.

Schritt ZEHN: Der Schatz. Manchmal glaube ich, dass meine Arbeit sinnlos ist, nicht wirklich wichtig, aber die Natur zeigt mir, dass Schönheit Lebenskraft ist, dass die Natur Schönheit hervorbringt, die berührt. In einem Wald gibt es jede Menge Grafik-Designer, die Werbung machen! So möchte ich auch kreieren, voller Freude und Schönheit und Leichtigkeit. Es ist alles in mir.

Schritt ELF: Ich bin eine Königin, so wie ein Baum ein König ist. Wenn eine Schnecke eine so schöne und klare Form hervorbringen kann, kann ich es auch. Alles ist erlaubt und alles ist schön.

Tanja nahm an dem Wettbewerb teil und belegte den dritten

Platz. Sie machte sich selbstständig und bekam durch den Wettbewerb die ersten Aufträge. Ihre Agentur nannte sie: FORCE.

Welche Geschichte erzählst du?

Wir erfassen unser Leben in Geschichten, wir lassen uns inspirieren durch Geschichten, die wir erzählt bekommen. Wir suchen Rollenmodelle in den Figuren. Wir suchen Identität, wir fragen: Wie erging es anderen in meiner Situation? Wie wird meine Geschichte weitergehen? Wie wird meine Geschichte ausgehen? Wenn wir viele Geschichten kennen, kennen wir viele Möglichkeiten. Wir lernen, dass Geschichten nicht immer gleich ausgehen müssen, dass wir keinem unentrinnbaren Schicksal unterworfen sind. Wir lernen, dass die Kraft, das Bewusstsein, die Liebe des Helden oder der Heldin die Geschichte mit bestimmen. Wir lernen, dass wir die Freiheit haben, uns anders zu entscheiden. Wir lernen, dass wir der Geschichte eine neue Wendung geben können.

Welche Geschichten erzählst du über dich und dein Leben? Welche Rolle hast du in deinen Geschichten? Und wie gehen sie aus? Wenn man Menschen zuhört, die über sich erzählen, erfährt man, wie sie leben und wer sie sind.

Meine Freundin Sabine erlebt einen Schicksalsschlag nach dem anderen.

Als ich Sabine kennenlernte, war ich sehr betroffen von der Situation, in der sie steckte. Ihr Freund hatte sich gerade von ihr getrennt, sie war finanziell am Ende, musste drei Pferde versorgen und hatte einen zehnjährigen Sohn. Sie kam wieder in ihre Kraft, aber der nächste Schlag folgte. Eines ihrer Pferde wurde krank und verschlang hohe Tierarztkosten. Sie fand eine gut bezahlte Arbeit und kam wieder auf die Beine. Ich kenne meine Freundin Sabine nun schon eine ganze Weile. Wenn ich sie treffe oder mit

Schritt 11: Der weite Blick

ihr telefoniere, geht es immer um ein Drama, in dem sie gerade steckt. Die Umstände sind verschieden, aber die Geschichte ist die Gleiche: Sabine ist kurz vor dem Untergehen. Sie tut alles in ihrer Macht Stehende, aber das genügt nicht, die Umstände sind stärker. Eines Tages sagte ich ihr, wie sehr es mich frustriert, dass sie immer in diesen unausweichlichen Geschichten steckt. Ihre Antwort: „Mit dir ist es auch immer dieselbe Geschichte. Ich erzähle dir, wie es mir geht und du seufzst und wirst stumm."
„Weil ich keinen Ausweg weiß."
„Es gibt keinen Ausweg", erwiderte sie und lächelte beinahe triumphierend, was mich noch mehr frustrierte.
„Dann fühlst du dich auch noch wohl bei all dem Elend?"
„Nein!"
Ich hätte jetzt vieles sagen können, zum Beispiel: Warum änderst du nichts? Oder: "Du übernimmst dich immer." Oder: "Du verliebst dich immer in die Falschen." Aber das hatte ich alles schon oft genug gesagt.
Sabines Geschichte konnte ich nicht ändern. Aber meine. Ich stand auf und sagte: „Ich bin müde von deinen Geschichten und von der Rolle, die ich darin spiele. Ich gehe jetzt." Sie sah mich verblüfft an. Eine ganze Weile fragte ich mich, ob ich sie überhaupt wiedersehen wollte. Aber es gab auch vieles, was ich an ihr mochte, also verabredete ich mich wieder mit ihr. Diesmal erzählte sie mir kein neues ausweglos Drama, sie erzählte mir, dass sie das Leben jetzt viel leichter nehme. Wir verbrachten einen sehr heiteren Abend und verabschiedeten uns als gute Freudinnen.
Die Dramen in Sabines Leben nahmen nicht ab, aber sie hatte die Geschichte, die sie mir erzählte, verändert und ich meine. Und dadurch haben wir unsere Freundschaft wiedergewonnen.

Deine Aufgabe

Bitte beobachte dich selbst dabei, welche Geschichte du anderen gern erzählst über dein Leben und dich. Wähle ein Beispiel aus, eine Geschichte. Wie wirkt diese Geschichte auf deine Mitmenschen? Was bewirkst du damit? Verständnis? Mitleid? Bewunderung? Interesse? Welche Rolle spielst du in dieser Geschichte? Bist du die Heldin? Bist du das Opfer widriger Umstände? Bist du die Retterin? Oder welche Rolle hast du? Und welche Rolle haben die anderen?

_____

_____

_____

_____

Deine Aufgabe

Blicke auf dein Leben zurück und wähle eine Geschichte aus, die ein gutes Ende hatte. Und zwar dadurch, dass du dich verändert hast, dass du Mut hattest.

_____

_____

_____

_____

Schritt 11: Der weite Blick

Du bist jetzt ans Ende deiner Reise in die innere Wildnis gelangt. Die letzten beiden Aufgaben, waren dazu gedacht, dir eine Erfahrung über das Wahrnehmen einer Geschichte zu vermitteln. Jetzt ist der Augenblick gekommen, in dem du dir die Geschichte bewusst machst, die du auf der Reise durch das Buch erlebt hast.

Geschichten in der Natur gehen gut aus

Die Natur orientiert sich an Prozessen, ob es physische oder emotionale oder Bewusstseinsprozesse sind. Prozesse haben einen Anfang und ein Ende. Spannungen bauen sich auf und lösen sich. Alles ist in Bewegung. Dasselbe passiert in Geschichten. Sie entwickeln sich, bringen Unsichtbares zum Vorschein, Konflikte bauen sich auf, Widersprüche entstehen und die Geschichte bringt aus sich selbst eine Lösung hervor, eine Verwandlung geschieht und es kommt zu einer Auflösung, einer neuen Ruhe.

Bitte studiere deine Aufzeichnungen in der Übersicht am Ende des Buches. Fühle die einzelnen Schritte deiner Reise noch einmal nach und beschreibe, was für eine Geschichte es für dich war. War es eine Geschichte in die Kraft wie bei Tanja, der Grafik-Designerin, oder eine Geschichte in die Liebe, in die Verletzbarkeit, in die Achtsamkeit? Was waren die wesentlichen Triebkräfte deiner Geschichte? Was waren die Wendepunkte. Du musst nicht alle diese Fragen beantworten, sie sollen zur Anregung dienen. Beschreibe deine Geschichte, wie du sie einem guten Freund, einer guten Freundin beschreiben würdest:

_____

_____

Schritt 11: Der weite Blick

_____

_____

_____

_____

Wer bist du am Ende der Geschichte?

Erfahrungen verändern uns, manchmal merklich, manchmal unmerklich. Wer bist du am Ende der Geschichte? Was hat sich verändert? Deine Stimme? Dein Lachen? Deine Wahrnehmung der Welt? Deine Beziehung zu dir selbst? Oder etwas anderes?

_____

_____

_____

_____

Die Weisheit deiner Reise

Wenn man am Ende einer Reise angekommen ist und zurückblickt formt sich oft eine Weisheit, die das Erfahrene zusammenfasst. Eine "Moral von der Geschicht'".

Deine Aufgabe

Wie lautet die Weisheit deiner Reise?

_____

_____

_____

_____

_____

_____

_____

_____

_____

Damit kommt dieses Buch zum Ende. Ich danke dir, dass du mir auf dieser Reise gefolgt bist. Ich wünsche dir noch viele schöne Reisen in deine innere Wildnis. Mögen sie gesegnet sein mit Liebe, Kraft und Weisheit.

ÜBERSICHT

Wer bin ich?

Der innere Ruf

Die Wunde

Das Ziel

Die Verbindung

Das Herz der Kreatur

Die Zerreißprobe

Scheitern

Verwandlung

Der Schatz

Der weite Blick

LITERATURLISTE

Clarissa Pinkola Estes: Die Wolfsfrau

Luisa Francia: Beschützt, bewahrt, geborgen

John O'Donohue: Anam Cara

Hermann Hesse: Siddharta, Narziss und Goldmund

Jamie Sams und David Carson: Karten der Kraft

Linda Kohanov: Der bewusste Weg mit Pferden

Jeanne Ruland: Krafttiere

Ted Andrews: Die Botschaft der Krafttiere

Marlies Holitzka, Klaus Holitzka: DasE.V.A Projekt

Chuck Spezzano: Karten der Seele

Varda Hasselmann: Archetypen der Seele

Olaf Bernhardt: Spirits - Geister im Herzen

Wolf-Dieter Storl: Ich bin ein Teil des Waldes

Khalil Gibran: Der Prophet

Malidoma Somé: Die Kraft des Rituals, Die Weisheit Afrikas

Patrick Takaya Solomon: Finde dich (DVD)

Ich lese gern und bestimmte Bücher haben mein Leben unendlich bereichert. Autoren wie Clarissa Pinkola Estes, Luisa Francia, John O'Donohue oder Hermann Hesse, um jene zu nennen, die ich während es Schreibens dieses Buches gelesen habe, sind für mich treue innere Gefährten.

Ich lese jedoch nicht systematisch oder mit dem Anspruch wissenschaftlicher Vollständigkeit. Zum anderen verarbeite ich das Gelesene sofort zu eigenen Gedanken, entwickle es und verknüpfe es intuitiv, ohne mir dabei aller Schritte bewusst zu sein. Kurz: Ich bin mehr Künstlerin als Theoretikerin.

Manchmal trifft auf mich auch der Spruch von Jean Paul zu: „Die paar Bücher, die ich brauche, schreibe ich mir selbst." Ja, ich schreibe die Bücher, die ich am gründlichsten lese, selbst. Ich lerne die Welt beim Schreiben kennen. Meine Lehrmeisterin ist die Sprache, ist das Geschichtenerzählen. Ich schreibe die Bücher nicht nur selbst, ich verlege sie auch selbst. Auch das ist mir eine Herzensangelegenheit, denn ich liebe meine Bücher wie Kinder.

Was in diesem Buch steht, ist in erster Linie Erfahrungswissen. Es beruht auf vielen Jahren Erfahrungen, in denen ich Menschen auf ihrem persönlichen Weg begleitet und ausgebildet habe. Jedes Wort ist im Feuer meiner persönlichen Erfahrung und der anderer getestet. Nichts wurde ungeprüft übernommen.

Was vom Leben übrig bleibt, sage ich mir, ist unsere Lebendigkeit, die wir in die Welt geworfen haben und die Antwort, die das Leben uns darauf gegeben hat. Unser echter Schmerz und unsere Glückseligkeit. Dieses Buch werfe ich ins Feuer des Lebens.

Möge dein Leben dich im Feuer schmieden und im Licht der Freude großzügig umarmen.

Ulrike

DANKSAGUNG:

Ich kann nicht anders als mich vom Leben in all seinen Facetten unendlich bereichert und beschenkt zu fühlen, vor allem von all den Menschen und Tieren, die mir vorbehaltlos ihre reine Liebe schenken, die meine Liebe annehmen und darauf antworten. Wir alle sind Teil des großen Netzes der Verbindungen, sichtbarer und unsichtbarer, wo stets neue Wunder und Überraschungen auf uns warten.

Allen voran danke ich meiner Familie, die mich beim Schreiben des Buches begleitet haben: Martin, Lea, Joel, die Sternschnuppen, die mich immer daran erinnern, dass nur die Liebe zählt.

Ich danke meiner Stute Tinnia, die ein außerordentlicher Quell der Inspiration ist und mich vor menschlicher Selbstüberschätzung bewahrt.

Natalie Frey, meine langjährige Co-Trainerin und Freundin, ist mit mir in Bereiche des Bewusstseins von Mensch und Tier gereist, von deren Existenz ich mir nie hätte träumen lassen. Für vieles, was ich mit ihr erleben darf, gibt es keine Worte. Jenseits der Worte erwartet uns die Stille, in der Natalie wahrhaft zu Hause ist.

Elke Wedig vom Barockreitzentrum Heimsheim ist eine großzügige Seele. Sie und ihre einzigartigen Pferde Maxim, Baron, Habanero, Impressioso, Chocolate, Jerry, Nevada, die Minis und die Esel sind ein Universum für sich, in dem ich stets Glückseligkeit finden kann. Dazu gehört auch Jessica. Danke!

Heike Neder und die Mitarbeiter des Amma-Zentrums Hof Herrenberg, sowie die Pferde des Hofes, sind gelebte Vision, an der ich Teil haben durfte. Dafür herzlichen Dank.

Eva Reifler und ihre Pferdefamilie in Frémécourt bei Paris sind eine Heimat für mich. Ein Ort, wo ich willkommen bin und mich geliebt fühle. Seit Jahren ist der Austausch mit Eva eine nie versiegende Quelle. Danke, auch an Eric für die Gastfreundschaft.

Andrea Oster hat mich beim Schreiben des Buches begleitet und mich mit ihrer unbestechlichen Intuition durch manche Wildwasser getragen. Eine Begleiterin, die immer für mich da war: Danke von Herzen.

Heike Gässler hat die Gabe vierblättrige Kleeblätter zu finden und schenkte mir zum richtigen Zeitpunkt gleich acht auf einen Schlag: Sie haben gewirkt. Danke, liebe Heike!

Almut und Michael von Döllen haben mich und meine Stute in ihrem Naturparadies im Schwarzwald aufgenommen, wo ich ein halbes Jahr lang die Stille und die Urkraft des Waldes erforschen konnte. Eine Erfahrung, die mein Leben verändert hat.

Seit mehreren Jahren schon begleitet mich die schamanische Heilerin Sharon Bringleson aus Colorado, USA. Sharons Weisheit und wahre Urkraft schützen mich und lassen mich mit enormer Energie vorwärtsgehen.

Darüber hinaus gibt es sehr viele andere wunderbare Menschen in meinem Leben, mit denen zusammen ich an der Vision arbeite und die Vision lebe, dass die Naturkraft uns trägt, dass Gemeinschaft uns trägt, dass das Leben selbst ein großes Geschenk ist.

Zuletzt geht mein Dank an all die Tiere, die mich mit ihrer Liebe und Weisheit berühren, die physischen und auch die nicht physischen Krafttiere. Der Hirsch ist für mich zu einem großartigen Begleiter geworden und wenn es mir je an etwas gemangelt hat, dann hat er dafür gesorgt, dass ein Wunder geschah.

Möge auch dir, liebe Leserin, lieber Leser, das Leben in all seinen Facetten zugeneigt sein, mögen Sturm und Regenbogen, Sonne und Wind, Kirschblüte und Vogelzwitschern dich das Leben feiern lassen.

Ulrike Dietmann

Stuttgart, 20.03. 2015

www.spiritbooks.de

Bücher, die authentisch sind und Spirit haben.

Die Bücher des Verlags erhalten Sie in allen Buchhandlungen und bei zahlreichen Online-Anbietern wie amazon.de. Sie können die Bücher auch beim Verlag direkt bestellen: **www.spiritbooks.de**

Wenn Sie direkt beim Verlag bestellen, unterstützen Sie den Verlag und die Autoren.

Die Vision des Verlags

Vertrauen in das Gespür von Leserinnen und Lesern

Bedingungslos authentische Bücher

Autorinnen und Autoren als Persönlichkeiten, die etwas Unverwechselbares zu erzählen haben.

**Ulrike Dietmann
Heldenreise ins Herz des Autors**

Finde heraus, was deine Autorenseele im Innersten bewegt. Elf Schritte führen dich auf einer Heldenreise zu deinem kreativen Selbst, zur Quelle deiner Inspiration, zu authentischen Gefühlen und deiner persönlichen Ausdruckskraft.

www.spiritbooks.de

**Ulrike Dietmann
"Epona – Die Pferdegöttin"**

Eine Geschichte, die uns zu den Wurzeln unserer Kultur führt, in die Zeit der ersten keltischen Siedlungen, als das Pferd heilig war und die Göttin noch unter den Menschen lebte.

www.spiritbooks.de

Ulrike Dietmann
"Das Medizinpferd –
Band I Einweihung"

Valerie erlebt unter den Nachkommen von Indianern eine spirituelle Einweihung in eine unbekannte Wirklichkeit und lernt die besonderen Fähigkeiten der Pferde kennen ...

www.spiritbooks.de

Ulrike Dietmann
"Das Medizinpferd –
Band II Unbreak my Heart"

Valerie verliebt sich in den Halbindianer Tom und muss sich mit ihrer tiefen Angst, verlassen zu werden, konfrontieren. Bei den Pferden findet Valerie unerwartete Kraft und einen Weg der Befreiung.

www.spiritbooks.de

Shelley Rosenberg
Meine Pferde, meine Heiler

Lesen Sie die bewegende Autobiografie der Grand-Prix-Reiterin Shelley Rosenberg mit einem Vorwort von Linda Kohanov.

www.spiritbooks.de

Maren Diehl
„Die Pferde sind nicht das Problem – Keine Reitlehre"

Humorvoll, pragmatisch und prinzipienorientiert nimmt Maren Diehl die Reiterwelt in die Pflicht und vermittelt gleichzeitig die Freude an der Arbeit und der Kommunikation mit den Pferden. Ein Buch, das gelesen und gelebt werden will.

www.spiritbooks.de